京华通览
历史文化名城
主编／段柄仁

北京的遗址墓葬

王岩／编著

北京出版集团公司
北京出版社

图书在版编目（CIP）数据

北京的遗址墓葬／王岩编著. — 北京：北京出版社，2018.3
（京华通览）
ISBN 978-7-200-13444-5

Ⅰ.①北… Ⅱ.①王… Ⅲ.①文化遗址—介绍—北京②墓葬（考古）-介绍 北京 Ⅳ.①K878

中国版本图书馆CIP数据核字（2017）第267018号

审 图 号 京S（2013）034号

出 版 人	曲 仲
策 划	安 东 于 虹
项目统筹	孙 菁 董拯民
责任编辑	董拯民 李更鑫
封面设计	田 晗
版式设计	云伊若水
责任印制	燕雨萌

《京华通览》丛书在出版过程中，使用了部分出版物及网站的图片资料，在此谨向有关资料的提供者致以衷心的感谢。因部分图片的作者难以联系，敬请本丛书所用图片的版权所有者与北京出版集团公司联系。

北京的遗址墓葬
BEIJING DE YIZHI MUZANG

王岩 编著

北京出版集团公司
北京出版社　出版

*

（北京北三环中路6号）
邮政编码：100120

网　址：www.bph.com.cn

北京出版集团公司总发行
新 华 书 店 经 销
天津画中画印刷有限公司印刷

*

880毫米×1230毫米　32开本　7.875印张　162千字
2018年3月第1版　2022年11月第3次印刷
ISBN 978-7-200-13444-5
定价：45.00元

如有印装质量问题，由本社负责调换
质量监督电话：010-58572393

《京华通览》编纂委员会

主　任　段柄仁
副主任　陈　玲　曲　仲
成　员　（按姓氏笔画排序）
　　　　于　虹　王来水　安　东　运子微
　　　　杨良志　张恒彬　周　浩　侯宏兴
主　编　段柄仁
副主编　谭烈飞

《京华通览》编辑部

主　任　安　东
副主任　于　虹　董拯民
成　员　（按姓氏笔画排序）
　　　　王　岩　白　珍　孙　菁　李更鑫
　　　　潘惠楼

序

PREFACE

擦亮北京"金名片"

段柄仁

北京是中华民族的一张"金名片"。"金"在何处？可以用四句话描述：历史悠久、山河壮美、文化璀璨、地位独特。

展开一点说，这个区域在 70 万年前就有远古人类生存聚集，是一处人类发祥之地。据考古发掘，在房山区周口店一带，出土远古居民的头盖骨，被定名为"北京人"。这个区域也是人类都市文明发育较早，影响广泛深远之地。据历史记载，早在 3000 年前，就形成了燕、蓟两个方国之都，之后又多次作为诸侯国都、割据势力之都；元代作为全国政治中心，修筑了雄伟壮丽、举世瞩目的元大都；明代以此为基础进行了改造重建，形成了今天北京城的大格局；清代仍以此为首都。北京作为大都会，其文明引领全国，影响世界，被国外专家称为"世界奇观""在地球表面上，人类最伟大的个体工程"。

北京人文的久远历史，生生不息的发展，与其山河壮美、宜生宜长的自然环境紧密相连。她坐落在华北大平原北缘，"左环沧海，右拥太行，南襟河济，北枕居庸""龙蟠虎踞，形势雄伟，南控江淮，北连朔漠"。是我国三大地理单元——华北大平原、东北大平原、蒙古高原的交汇之处，是南北通衢的纽带，东西连接的龙头，东北亚环渤海地区的中心。这块得天独厚的地域，不仅极具区位优势，而且环境宜人，气候温和，四季分明。在高山峻岭之下，有广阔的丘陵、缓坡和平川沃土，永定河、潮白河、拒马河、温榆河和蓟运河五大水系纵横交错，如血脉遍布大地，使其顺理成章地成为人类祖居、中华帝都、中华人民共和国首都。

这块风水宝地和久远的人文历史，催生并积聚了令人垂羡的灿烂文化。文物古迹星罗棋布，不少是人类文明的顶尖之作，已有1000余项被确定为文物保护单位。周口店遗址、明清皇宫、八达岭长城、天坛、颐和园、明清帝王陵和大运河被列入世界文化遗产名录，60余项被列为全国重点文物保护单位，220余项被列为市级文物保护单位，40片历史文化街区，加上环绕城市核心区的大运河文化带、长城文化带、西山永定河文化带和诸多的历史建筑、名镇名村、非物质文化遗产，以及数万种留存至今的历史典籍、志鉴档册、文物文化资料，《红楼梦》、"京剧"等文学艺术明珠，早已成为传承历史文明、启迪人们智慧、滋养人们心灵的瑰宝。

中华人民共和国成立后，北京发生了深刻的变化。作为国家首都的独特地位，使这座古老的城市，成为全国现代化建设的领头雁。新的《北京城市总体规划（2016年—2035年）》的制定和中共中央、国务院的批复，确定了北京是全国政治中心、文化中心、国际交往中心、科技创新中心的性质和建设国际一流的和谐宜居之都的目标，大大增加了这块"金名片"的含金量。

伴随国际局势的深刻变化，世界经济重心已逐步向亚太地区转移，而亚太地区发展最快的是东北亚的环渤海地区、这块地区的京津冀地区，而北京正是这个地区的核心，建设以北京为核心的世界级城市群，已被列入实现"两个一百年"奋斗目标、中国梦的国家战略。这就又把北京推向了中国特色社会主义新时代谱写现代化新征程壮丽篇章的引领示范地位，也预示了这块热土必将更加辉煌的前景。

北京这张"金名片"，如何精心保护，细心擦拭，全面展示其风貌，尽力挖掘其能量，使之永续发展，永放光彩并更加明亮？这是摆在北京人面前的一项历史性使命，一项应自觉承担且不可替代的职责，需要做整体性、多方面的努力。但保护、擦拭、展示、挖掘的前提是对它的全面认识，只有认识，才会珍惜，才能热爱，才可能尽心尽力、尽职尽责，创造性完成这项释能放光的事业。而解决认识问题，必须做大量的基础文化建设和知识普及工作。近些年北京市有关部门在这方面做了大量工作，先后出版了《北京史》（10卷本）、《北京百科全书》（20卷本），各类志书近900种，以及多种年鉴、专著和资料汇编，等等，为擦亮北京这张"金名片"做了可贵的基础性贡献。但是这些著述，大多是服务于专业单位、党政领导部门和教学科研人员。如何使其承载的知识进一步普及化、大众化，出版面向更大范围的群众的读物，是当前急需弥补的弱项。为此我们启动了《京华通览》系列丛书的编写，采取简约、通俗、方便阅读的方法，从有关北京历史文化的大量书籍资料中，特别是卷帙浩繁的地方志书中，精选当前广大群众需要的知识，尽可能满足北京人以及关注北京的国内外朋友进一步了解北京的历史与现状、性质与功能、特点与亮点的需求，以达到"知北京、爱北京，合力共建美好北京"的目的。

这套丛书的内容紧紧围绕北京是全国的政治、文化、国际交往和科技创新四个中心，涵盖北京的自然环境、经济、政治、文化、社会等各方面的知识，但重点是北京的深厚灿烂的文化。突出安排了"历史文化名城""西山永定河文化带""大运河文化带""长城文化带"四个系列内容。资料大部分是取自新编北京志并进行压缩、修订、补充、改编。也有从已出版的北京历史文化读物中优选改编和针对一些重要内容弥补缺失而专门组织的创作。作品的作者大多是在北京志书编纂中捉刀实干的骨干人物和在北京史志领域著述颇丰的知名专家。尹钧科、谭烈飞、吴文涛、张宝章、郗志群、马建农、王之鸿等，都有作品奉献。从这个意义上说，这套丛书中，不少作品也可称"大家小书"。

总之，擦亮北京"金名片"，就是使蕴藏于文明古都丰富多彩的优秀历史文化活起来，充满时代精神和首都特色的社会主义创新文化强起来，进一步展现其真善美，释放其精气神，提高其含金量。

2017 年 11 月

目录

CONTENTS

概　述 / 1

旧石器时代

周口店古人类遗址 / 4

"北京人"遗址 / 4

第四地点遗址 / 7

"山顶洞人"遗址 / 8

黄土梁遗址 / 9

长哨营遗址 / 10

马家坟遗址 / 11

王府井东方广场遗址 / 12

新石器时代

东胡林人墓葬 / 15

转年遗址 / 18

上宅遗址 / 19

北埝头遗址 / 22

燕落寨遗址 / 24

镇江营遗址 / 25

雪山遗址 / 27

夏、商时期

夏家店下层文化遗址 / 30

 密云区凤凰山墓葬 / 30

 房山区刘李店夏家店下层文化墓葬 / 30

 刘家河遗址 / 32

刘家河商代墓葬 / 32

张营遗址 / 34

周战国时期

琉璃河商周遗址 / 37

琉璃河西周燕国墓地 / 41

蓟城遗址 / 45

蔡庄古城遗址 / 47

龙坡遗址 / 48

张坊乡片上村西周遗址 / 48

镇江营商周遗址 / 49

西周墓葬 / 50

 白浮村西周木椁墓 / 50

 金牛村墓葬 / 52

东周墓葬 / 53

 怀柔区东周墓 / 53

 龙庆峡春秋战国墓 / 54

 贾家花园战国墓 / 54

 昌平区松园村战国墓 / 55

良乡黑古台墓 / 56

瓮棺葬 / 57

　　海淀区中关村瓮棺 / 57

　　延庆县葫芦沟瓮棺墓地 / 57

　　海淀区八里庄瓮棺墓 / 58

山戎文化遗址墓葬 / 59

　　玉皇庙山戎墓地 / 59

　　西梁垙山戎墓地 / 64

　　军都山春秋北方民族部落墓 / 66

秦汉时期

汉代古城址 / 69

　　清河镇朱房村秦汉古城址 / 69

　　良乡镇广阳城遗址 / 71

　　长沟镇汉"西乡县"故城 / 72

　　窦店镇汉良乡故城 / 73

　　汉博陆故城址 / 75

石景山老山汉墓 / 76

大葆台汉墓 / 80

两汉墓群 / 82

　　怀柔区汉墓群 / 82

　　昌平区半截塔村东周至汉墓群 / 84

　　昌平区史家桥汉墓 / 85

　　昌平区白浮汉墓群 / 87

　　顺义区临河村东汉墓 / 88

　　平谷区张岱村东汉墓 / 88

　　三台山汉墓 / 89

　　丰台区三台子东汉残墓画像石 / 90

	汉代水利设施遗址 / 91
	石景山区（魏）戾陵堰、车箱渠、高梁河 / 91
	张堪庙 / 93
	汉幽州书佐秦君石阙 / 94
魏晋及北朝时期	晋代蓟城何处寻 / 97
	"蓟丘"城墙遗址 / 97
	西晋王浚妻华芳墓 / 98
	东魏屯军古城城址题记 / 99
	风格迥异的各民族墓葬 / 100
	海淀区八里庄魏墓 / 100
	平谷区汉晋墓群 / 101
	顺义区大营村西晋墓 / 102
	海淀区景王坟西晋墓 / 103
	房山区小十三里村西晋墓 / 104
	石景山区老山西晋婴儿墓 / 104
	延庆颖泽洲墓葬 / 105
	北齐傅隆显墓 / 105
	西城区王府仓北齐墓 / 106
隋唐时期	唐幽州城 / 108
	唐代合葬墓 / 109
	纪公、张氏合葬墓 / 109
	丰台区右安门外唐王郅夫妇合葬墓 / 109
	唐代名人墓 / 110
	唐薛府君墓 / 110
	唐史思明墓 / 111

	唐仵钦墓 / 112
	贾岛墓 / 113
	唐道士王徽墓 / 114
	紫禁城西墙内唐墓 / 114
辽南京时期	**辽南京（燕京）城 / 116**
	圆形墓的流行 / 118
	丰台区赵德钧墓 / 118
	门头沟区新桥街辽墓 / 118
	昌平区陈庄辽墓 / 119
	辽韩佚与夫人王氏合葬墓 / 120
	辽王泽与夫人合葬墓 / 121
	辽幽都府冀北县令李公墓 / 122
	丰台区永定路辽营州史李熙墓 / 123
	辽马直温墓 / 123
	遍布全市的辽代塔基 / 125
	顺义区辽净光舍利塔塔基 / 125
	北郑村辽塔塔基 / 126
	云居寺南塔塔基 / 128
	密云区冶仙塔塔基 / 130
	房山区坨里乡"上寺"塔基 / 131
	天开塔地宫 / 132
	招仙塔塔基 / 132
金中都时期	**金中都遗址 / 135**
	金中都遗址 / 135
	金中都宫城区 / 136

金代葆台遗址 / 138

　　金代遗址 / 139

金代水利遗址 / 140

　　金中都水关遗址 / 140

　　金古河道遗址 / 142

　　金中都"太液池"遗址 / 142

金　陵 / 143

金代墓葬 / 150

　　长沟峪金代石椁墓地 / 150

　　窝鲁欢墓 / 151

　　乌古伦元忠夫妇墓 / 152

　　通州区金代石椁墓 / 153

　　金吕徵墓 / 154

　　窝论墓 / 155

　　海淀区南辛庄金墓 / 156

　　平谷区金墓 / 157

　　天坛公园金墓 / 157

　　门头沟区金墓 / 158

元大都时期

元大都遗址 / 161

元代水利设施遗址 / 166

　　张家湾漕运码头遗址 / 166

　　白浮泉遗址——九龙池 / 167

　　西直门（元代和义门）水涵洞遗址 / 168

　　瓮山泊西堤遗址 / 169

元代墓葬 / 171

　　东城区吕家窑元斡脱赤墓 / 171

东城区吕家窑元铁可墓 / 172

　　朝阳区小红门张弘纲墓 / 173

　　耶律楚材墓 / 174

　　耶律铸夫妇合葬墓 / 175

　　海云禅师塔墓 / 177

　　怀柔区梭草村元墓 / 177

元代壁画墓 / 178

　　门头沟区斋堂元墓 / 178

　　密云区太子务元代壁画墓 / 179

明北京时期

明清皇城 / 182

明代石桥遗址 / 185

　　明天顺石桥 / 185

　　南岗洼石桥 / 185

明十三陵 / 186

　　景泰陵 / 192

　　明宪宗长子墓 / 194

　　十三陵园内妃嫔墓 / 194

金山（董四墓村）妃嫔墓 / 195

明代外戚之墓 / 200

　　万贵墓 / 200

　　夏儒墓 / 201

　　李伟墓 / 202

明代太监之墓 / 203

　　田义墓 / 203

　　刘忠墓 / 205

明代大臣之墓 / 206

姚广孝塔墓 / 206
　　李卓吾墓 / 207
　　袁崇焕墓 / 208
明代传教士之墓 / 210
　　伯哈智墓 / 210
　　利玛窦墓 / 211
　　南怀仁墓 / 213
　　汤若望墓 / 214

清北京时期 | **圆明园遗址 / 217**
畅春园遗址 / 223
清代墓葬 / 224
　　范文程墓 / 224
　　佟国维衣冠墓 / 225
　　高其倬墓 / 226
　　明珠家族墓 / 227
　　黑舍里氏墓 / 228
　　荣禄墓 / 229
　　李莲英墓 / 230
清代壁画墓 / 231

　　后　记 / 233

概　述

　　北京，是伟大祖国的首都，也是世界著名的文化古都。北京地区的遗址墓葬，最早可以追溯到距今约70万年至50万年前的"北京猿人"，他们在房山区周口店龙骨山这块土地上生息和繁衍；历经旧石器时代中晚期，距今1万多年前的"山顶洞人"，相继也在此生活劳动。这对研究人类起源、人类进化史都具有划时代的意义。

　　此外，先后进行过考古发掘的重要地点还包括：平谷区的上宅、北埝头、马家坟；密云区的黄土梁、燕落寨；房山区的新洞、山顶洞、镇江营；昌平区的雪山；怀柔区的长哨营、转年；门头沟区清水河沿岸的斋堂、东胡林人墓葬；王府井东方广场等十几处旧、新石器古人类活动遗址等。

　　商周以下的考古发掘工作成果更多，其中比较重要的有：雪山遗址、琉璃河商周遗址及墓地、刘家河商代墓葬、白浮村西周木椁墓、山戎墓地、怀柔城北东周墓、昌平松园村战国墓、蓟城地区的陶井、汉广阳城遗址、大葆台西汉墓、汉幽州佐秦君石阙、西晋王浚妻华芳墓、北齐傅隆显墓、唐薛府君墓、史思明墓、房山区北郑村辽塔塔基、房山区云居寺南塔塔基、乌古伦家族墓、元大都遗址、定陵万历帝王陵、李莲英墓、荣禄墓等共30多处。

伴随城市基本建设、旧城改造大规模的进行，基建考古数量也日益加大。如为迎接新中国成立10周年、50周年的重点工程，京石高速公路建设，北京西客站建设，陕甘宁天然气进京，王府井东方广场建设，京密运河引水工程等地下古遗址、古墓葬的频繁发现。为减少出土文物的损坏和流失，考古发掘的主管单位投入了巨大的人力、物力，配合基建部门进行抢救性的大规模考古钻探和发掘。规模较大或比较重要的有：丰台区金代葆台遗址，元大都居住遗址（包括后英房、雍和宫、西绦胡同、桦皮厂四处），宣武门至和平门战国至汉代陶井，金中都水关遗址，广安门外南岗洼石桥遗址，"蓟丘"遗址，海淀区清河镇朱房村秦汉古城址，怀柔汉墓群，昌平半截塔村、史家桥、白浮三处汉墓群，丰台大葆台西汉墓，元代海云禅师塔墓，耶律楚材墓，耶律铸墓，金山（董四墓村）妃嫔墓，田义墓等。上述各类遗址、墓葬的考古发掘项目，虽然类别不同，规模有大小，出土器物有简繁，但都各具特点，都具有较高的历史、艺术与科学价值，丰富了北京历史文化遗产宝库。

了解北京丰富的文化遗存，对于正确地认识北京、建设北京这座世界著名的文化古都和现代化国际大都市具有重要的意义。

旧石器时代

北京是我们的祖先——"北京猿人"的故乡,早在约70万年至50万年前,他们就在周口店龙骨山这块土地上生息和繁衍;历经旧石器时代中晚期,距今1万多年前的"山顶洞人",相继在此生活劳动。20世纪20年代,考古工作者在此首次发现了"北京猿人"牙齿化石,1929年12月2日由古人类学家裴文中发现了第一颗完整的"北京猿人"头盖骨,这些发现震惊了世界科学界,被誉为我国科学家在近代学术上夺得的一枚世界级金牌。此后,又先后在平谷马家坟、密云黄土梁、怀柔长哨营乡等处发现了旧石器时代早、中期遗址和遗物,1996年在王府井东方广场发现了距今约22万年至24万年的旧石器时代中晚期的遗址和遗物。

周口店古人类遗址

周口店古人类遗址在裴文中先生的主持下，于20世纪20年代开始发掘。1929年12月2日，发现了第一个完整的古人类头盖骨，引起了世界科学界的关注，使周口店古人类遗址成为世界闻名的人类化石宝库之一。

"北京人"遗址

"北京人"，即北京猿人。"北京人"遗址主要是指周口店第一地点厚达40米的文化层堆积，因在该文化层中发现了旧石器时代早期人类化石而得名。

遗址的文化堆积分为13层，其年代经碳-14、热释光、铀系裂变径迹、氨基酸和古地磁等6种方法综合测定，其底部堆积（第13层）形成于70万年前，顶部堆积（第1层—第3层）形成于20万年前，从距今70万年至20万年前的约50万年间，是"北京人"遗址的堆积年代。

遗址中共发现完整和比较完整的头盖骨6个，头骨碎片（包括单独的面骨）12件，下颌骨15件，牙齿157枚，股骨断片7件，胫骨1件，肱骨3件，锁骨1件，月骨1件，大约代表老、少、幼、

周口店古人类遗址全景

男、女40多个个体。这些化石最早的见于第11层堆积，最晚的见于第3层堆积，表明已发现的40个北京猿人个体，是生活在周口店遗址的距今40万年至1万多年的古人类。

"北京人"遗址出土的石器数以万计，有刮削器、砍砸器、尖状器等，制法为锤击法、砸击法和碰砧法。"北京人"遗址出土的石器，是北京猿人文化的重要标志。

"北京人"遗址共发现100多种动物化石，其中哺乳动物90多种，包括54种大型哺乳动物，其中个体数量多，层位分布广，具有代表性的有食肉类的中国鬣狗，偶蹄类的肿骨鹿和葛氏斑鹿，可能还包括奇蹄类的周口店双角犀和三门马，还有象、裴氏转角羚羊、盘羊等。鸟类化石也很多，共62种1000件以上。

当时"北京人"遗址周围的山川大势与今日相差不大，只是山体高差略小些。现在西自拒马河一带，东抵房山区所在地，在当时不是平原，而是一片低丘宽谷。古气候总的看比现在略温暖

"北京人"遗址

些或大致相当,属于温带气候。

"北京人"遗址的堆积形成过程是非常复杂的,早期为周口河灌入的河流砂砾沉积,中期有来自裂隙和暗河注入的细粒沉积,晚期多为周围山坡上的片流堆积。在这自然堆积过程中,有北京猿人活动的灰烬堆积、遗弃物堆积及因岩壁崩塌的大块灰岩重力堆积。北京猿人居住的洞穴被逐渐填满,加之可能因古地震影响造成的洞顶坍塌,"北京人"遗址(第一地点洞穴)已失去了居住的条件。约在距今23万年前,北京猿人离开了遗址,迁居到其他地方。

第一个猿人头骨化石复原后放在协和医院保存,1941年太平洋战争爆发后遗失,至今下落不明。中华人民共和国成立后,考古和古人类学工作者对"北京人"遗址又进行了多次发掘,并建立了遗址博物馆。1961年,"北京人"遗址被列为第一批全国重点文物保护单位,1989年又被联合国教科文组织列为世界人类文化遗产。

第四地点遗址

第四地点遗址是指周口店第四地点（于 1967 年发现）。第四地点是一处洞口朝南的石灰岩洞穴，从洞口到洞室有一段似天窗的裂隙相通。洞内的文化层堆积中有显著的灰烬和一些动物化石、石器及烧过骨头的痕迹。1973 年，中国科学院古脊椎动物与古人类研究所清理洞内的堆积物时，发现了属于旧石器文化中期的古人类化石。

在洞内发掘出男性个体左上第一前臼齿 1 枚。牙齿形态比北京猿人的牙齿进步，各项测量数据介于北京猿人和山顶洞人之间。虽然洞内发现的人类化石资料很少，但却填补了北京猿人至山顶洞人之间的缺环。

第四地点遗址堆积中的哺乳动物化石至少有 33 属 40 种，按其性质可分为 3 类，第一类代表北京猿人时期的残存属种，主要有硕猕猴、披毛犀、翁氏鼢鼠、肿骨鹿等；第二类代表新洞堆积时期出现的属种，即新出现的晚更新世的典型代表，如岩松鼠和赤鹿等；第三类是一些第四纪早期至晚期的属种。

第三类标本在第四地点遗址中所占比例最大。这说明第四地点动物群

第四地点角尖刃器

的许多种类是从中更新世（北京猿人时代）延续下来，但又出现了晚更新世的新的典型属种，属晚更新世初期，即旧石器时代中期。经碳-14、热释光、铀系等方法测定，第四地点遗址堆积物的年代大约距今10万年。

"山顶洞人"遗址

北京地区旧石器时代晚期文化的代表是"山顶洞人"。"山顶洞人"因发现古人类化石的洞穴位于周口店龙骨山顶而得名。

山顶洞于1930年发现，1933年至1934年发掘，在遗址中发现的人类化石有完整或基本完整的头骨3具，头骨残片3片，下颌骨4件，下颌残片3块，脊椎骨、肢骨和零星牙齿10枚；代表8个或10个男女老少不同的个体，其中5具属成年，1具为少年，2具为儿童，成年的5具中男性2具，女性3具，其余3具少年和儿童的化石性别特征不明显。

山顶洞人遗址

对遗址堆积中动物化石和同层位堆积物进行的年代测定结果为：上部堆积距今约 10 500 年；下部堆积距今约 18 000 年。

山顶洞遗址中发现了较多哺乳动物化石，其中有果子狸和猎豹等温暖气候的代表动物，可能反映整个山顶洞遗址经历了从温暖的间冰期向寒冷期气候的过渡，这一时期也是周口店地区第四纪最寒冷的时期。

"山顶洞人"复原头像

黄土梁遗址

黄土梁遗址为旧石器时代早期遗址，位于密云区上甸子乡黄土梁砖厂、潮河第三级阶地上。1990 年 4 月在石器时代遗址调查中发现。石制品 16 件出自黄土地层中，34 件采自地表。其中包括石核 12 件，石片 19 件，刮削器 4 件，砍砸器 5 件，有人工打击痕迹石块 10 件。根据遗址的地质、地貌和石制品的性质分析，该遗址的地质年代为更新世早期，即旧石器时代早期。这是首次在密云区发现旧石器，它的发现对于研究北京地区旧石器时代早期文化具有重要意义。

长哨营遗址

1991年春，北京市文物研究所和中科院古脊椎动物与古人类研究所组成联合考古队在平谷、怀柔两区进行史前遗址调查。

考古队在怀柔长哨营乡长哨营村北5米处获得6件石制品，其中5件出于地层、1件采自阶地表面。文化遗物出自汤河第二层阶地的黄土和黄土底砾中，具体为：石片4件，石器2件。

石片1号：天然台面石片正背面均为砾石面，腹面半锥体不明显，打击泡较凸，石片角72°。

石片2号：素台面石片、半锥体打击为微凸，背面有从一个方向打击的6个石片疤，石片角118°。

石片3号：有疤台面石片，台面上有两个疤、半锥体和打击泡微凸，背面有来自两个方向打片的5个石片疤，石片远端稍残。石片角118°。

石片4号是一个断片。

石器5号为单刃砍砸器，以厚石片由腹面向背面加工，形成弧形刃缘，刃角76°左右。

石器6号为石锤呈椭圆形，石锤一端有因打片或加工石器形成的斑点状小坑疤。

以上石制品，原料单调，大多为安山岩，另还有石英岩加工石器，选材主要为厚石片，石器组合以砍砸器为主，其次为刮削器及石锤。石器第二步加工粗糙，刃缘不平齐，大多石制品都保留砾石面，在打制过程中石核利用率较低。

怀柔旧石器的发现，为探讨北京旧石器时代遗存与华北旧石器文化的相互关系和研究北京地区的史前历史提供了新的材料。

马家坟遗址

该遗址为1990年3月石器时代考古调查时发现，位于平谷区东部红石坎泉水河右岸，地理坐标北纬40°11′1″，东经117°19′47″。该地点附近露出的基岩主要为元古代的紫红色页岩。岩石遭风化侵蚀后形成缓状丘陵。它们有的裸露，有的被黄土和河流的沉积物所覆盖。

在红石坎河两岸发育有二级阶地。第二级阶地为其座阶地，高出河面约15米，上部为灰黄色粉砂土，下部为褐黄色砂质黏土。

野外考察中，在这层褐黄色砂质黏土层中获得石制品19件，另有7件脱离了层位。这些石制品分为石核、石片和石器3类。石核有单台面和双台面两种。石片大多数是小型的，长度在50毫米以下。石片台面形态多不太规整，台面大的长125毫米、宽43毫米，小的长7毫米、宽4毫米，一般的长15毫米至40毫米、宽10毫米左右。

这些石片分为天然台面石片，有脊台面石片，有疤台面石片，素台面石片，修理台面石片和缺台面石片6种。石器全为刮削器，根据刃缘的形状分为单凸刃、单直刃和单凹刃3种。上述石制品的原料主要是石英岩和燧石。根据遗址的地质地貌和文化遗物的特征，初步确定遗址的地质时代为晚更新世，即考古学年代的旧石器时代中、晚期。

这是继北京周口店发现旧石器文化以来，北京地区的又一重要发现。

王府井东方广场遗址

1996年底，在北京市中心王府井东方广场工地地下12米深处发现该旧石器遗址。其重要价值主要在两个"首次"上。

第一，它是世界上首次在一个国家的首都中心区发现的旧石器文化遗址；第二，该遗址记录了旧石器时代人类在北京平原地区的活动，这在以山区发掘为主的北京旧石器考古发现中尚属首次。

正是这两个"首次"，引起国内外学术团体和社会各界的广泛关注，也为人们研究近3万年来北京市区环境变迁创造了难得的机遇。

遗址的面积大约有2000平方米，在上下相距深度约1米的

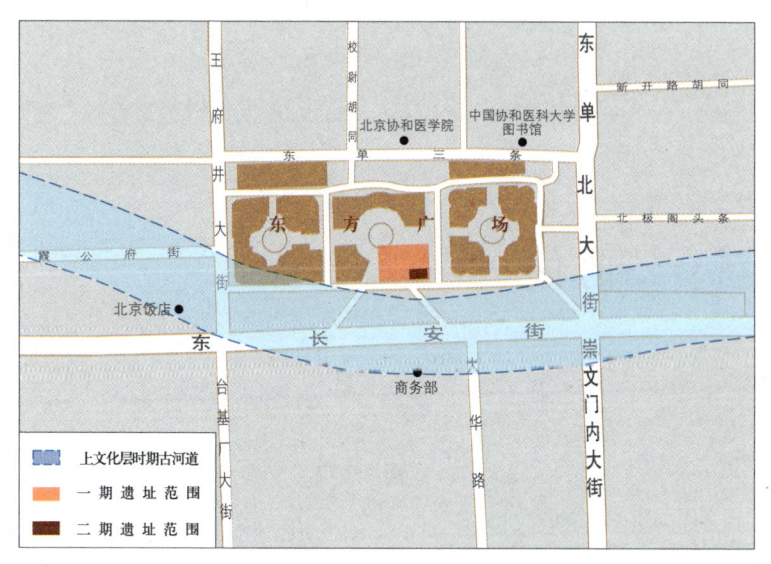

东方广场旧石器晚期遗址位置图

文化层中出土了大量珍贵的文化遗物，包括石制品、骨制品、用火标本和赤铁矿块等，共计2000余件。遗址距今约24000年，属于旧石器时代晚期。

现今的东方广场是当年古人类临时活动的营地。如今，"王府井古人类文化遗址博物馆"已经落成，重要遗迹已迁回位于东方广场地下3层的博物馆展厅。这一仅50平方米的古人类活动遗迹，却包含着丰富的文化信息。

东方广场下文化层兽骨

新石器时代

距今约 1 万年到 4000 年前,北京地区的原始人群适应了自然环境的变化,从山上的洞穴迁移到山间河谷或山麓台地定居,原始聚落渐次形成。人类普遍制造和使用各种磨制石器、陶器。考古学称此时期为新石器时代。在北京的山前平原发现多处此时期遗址,著名的有门头沟"东胡林人"墓葬、房山区镇江营遗址、平谷区上宅遗址等。

东胡林人墓葬

新石器时代早期墓葬。1966年4月发现于门头沟区斋堂镇东胡林村西侧。

该墓地处西山谷地当中、清水河畔第二级阶地上。阶地由疏松的黄土及底部砾石层构成,由东胡林村向西延伸至斋堂镇背后,恰与对岸(右岸)的"马兰台"相对峙,马兰黄土一名即由此而来。

墓葬位于第二级阶地上的次生黄土堆积里,时代应为全新世。

东胡林人遗址

经中科院古脊椎动物与古人类研究所调查和发掘,确认是一座距今 1 万年左右的新石器时代早期墓葬。

墓内人骨化石保存程度稍差,分别属于两个成年男性和一个 16 岁左右少女,被命名为"东胡林人"。这是一座不分性别的三人合葬墓。其中少女为一次葬,计有颅骨一具,寰椎、枢椎各一,股骨、髌骨各一对,左侧肱、胫骨和右侧尺骨各一及指(趾)骨若干。随葬的螺壳项链位于其颈部,骨镯在其腕部,河蚌制品置于其胸前。两男性主要是一些体骨和头骨残片,且排列杂乱,相互叠压,应属二次葬。

纵观东胡林人特征,有较多的原始性,其门齿铲形是典型的蒙古人种特征,颏部宽度的数值接近山顶洞人。由保存尚好的股骨推算东胡林人的身长,男性约为 173.6 厘米,女性估计为 165

东胡林人遗址出土的玉镯和项链

厘米。这种老少不同辈分不同性别的合葬墓，及墓中仅有的两件装饰品均佩戴在一次葬的少女身上的现象，反映了氏族社会内家族组织的存在，也意味着当时对妇女的尊敬，其所处的社会阶段可能是母系氏族的繁荣时期。

2001年7月至8月对东胡林遗址的发掘，新发现了当时人类在此用火的直接证据——5处用火遗迹，还有陶器、磨制石器以及动物骨骼和人骨材料。已清理的用火遗迹整体情况表明，火塘以底部的地面为基础，用较大的石块围成近圆圈状，而且石块堆积有一定高度；遗迹内灰烬多、烧骨烧石常见、木炭少，推测其主要燃料可能是草本植物。而且这种灰堆应是长期用火后形成的，说明东胡林人在此居住也应是相对稳定的一段时间。另从火堆遗迹到墓葬的距离看，当时人类就把自己祖先和亲人埋葬在距生活地点20米至30米较高的黄土地里。

从遗址新发现的陶器、磨制石器等特征分析，它与北京怀柔转年遗址和河北省阳原县于家沟遗址等所见的陶片特征相似，而这两处遗址的年代均在距今1万年左右。经过东胡林遗址出土的人骨的年代测定，并经树轮校正为公元前7969—前7586。东胡林遗址的陶片、石器等遗迹遗物年代，也应在此时段内。

东胡林遗址的新发现，反映出东胡林人当时的生活状况以及该地区距今1万年前后的新石器时代早期的人类经济状况。

转年遗址

该遗址于 1992 年 3 月在石器时代考古调查中发现，位于怀柔区宝山寺乡转年村西、白河第二级阶地上，南北长 80 米，东西宽 30 米，面积约为 2500 平方米。

文化层堆积厚约 3 米至 4 米。由于发现时农民正在平整土地，文化层堆积已被推土机铲掉 1 米至 2 米。

从遗址断壁和试掘情况分析，原文化堆积可分四层：第一层耕土，厚约 0.8 米；第二层灰色土，厚 0.5 米至 1 米，包含有战国时期的鱼骨盆残片等；第三层黄色沙黏土，厚 1 米至 2 米，含少量商周时期的夹砂灰褐陶鬲足和盆、罐口沿残片等；第四层黑灰沙黏土，厚 0.3 米至 1 米，含炭屑、红烧土块、石片、石叶、刮削器和细石核，还有少量素面夹砂褐陶片等，其年代经碳－14 测定为距今 9800 年左右。这些发现为研究北京地区新石器时代文化与古代自然环境增添了新资料。

石磨棒　　　刮削器　　　细石核

上宅遗址

　　上宅遗址位于平谷区东17公里上宅村北的一块山前台地上。这里南临洵河，北靠金山。遗址东西长100米，南北宽50米，面积约5000平方米，文化层厚0.5米至4米。1984年，在北京市文物普查中发现并进行小规模清理，1985年由北京市文物工作队（北京市文物研究所）与平谷区文物保管所联合组成上宅考古队，对上宅遗址进行抢救性发掘，至1988年结束。共发掘3500余平方米，出土陶器、石器等遗物3000余件。

　　通过发掘，证实了上宅遗址是北京东部地区距今7500年至

上宅遗址

6000年间的新石器时代中期至晚期的一种有独立地方特色的新的文化类型。根据对上宅遗存的研究及考古界专家的意见，为了区别于已知的北方新石器文化，对上宅遗址所代表的典型文化遗存命名为上宅文化。

上宅遗址中发现的陶器有深腹罐、鼓腹罐、钵、圈足钵、碗、杯、盅、舟形器、勺等，陶质以夹砂掺滑石粉为主，烧成火候不高，还有少量泥陶。夹砂陶以红褐色为主，均为手制，器表多饰有压印"之"字纹、抹压条纹、刮条纹、篦点纹、剔刺麻点纹和刻划纹等。还有可能是用于祭祀的鸟首形镂孔器和鸟首形陶柱。陶质工艺品有猪头、羊头、熊头、海马、蛇等动物小型塑像及耳珰形器和空心陶球、网坠等。

遗址出土的石器约2000件，有打制、琢制和磨制的大型石器，也有细石器。大型石器以盘状器和单面起脊的斧状器数量最多，其次是不同形状的砥石。磨制精致的有石斧、石铲，还有石磨盘、石磨棒和锄形器。细石器多为间接打制法制成的长条形石片，种类有石镞、尖状器、刮削器、石刀、复合刃器等。还有打猎用的掷球、弹丸；雕刻工艺品有小石猴（人面蝉身坠饰）、小石龟，还有"山"字形器和耳珰形器。

根据考古地层学和类型学，对上宅遗址的文化内涵进行研究，上宅遗址的文化遗存可分为三期。

第一期陶器的种类很少，器类单一，主要是一种含滑石粉的夹砂厚胎大口深腹筒形罐，器表呈黄褐色，厚唇，口沿下饰数圈凹弦纹，其下有一匝麻点状附加堆纹，以下为网状棱形纹。未见泥制陶，石器很少。其年代距今 7500 年左右。

第二期为上宅遗存的典型代表，陶、石器数量多，种类丰富，上宅遗址中出土的陶器和石器主要是指这一期的遗存。这一期又可分为早段和晚段二期。早段主要以上宅遗址第 7 层为代表，陶器中夹砂陶和掺有滑石粉的陶质占大多数，烧成温度较低陶质显得很粗糙；晚段泥质陶明显增多，并出现了细泥陶，烧成温度增高，胎质较硬。陶器上的纹饰早段主要是抹压条纹、刮条纹、"之"字纹和篦点纹，显得模糊，有粗糙之感；晚段的纹饰种类明显增多，如方格纹、"回"字纹、波折纹，还有很多随意画上的几何形纹饰，主要纹饰也显得精细，"之"字纹、篦点纹组成的双"∽"纹很有规律。早段器形以深腹罐、钵为主，口沿部唇圆厚、罐口微侈；晚段则出现了一些新器形，如鼓腹罐，舟形器，细泥陶钵、碗等，圆足器明显增多，罐腹变浅，口沿唇部变薄并有圆尖唇。

第三期陶器出土于第三层，数量不多，以细泥红陶为主，还有少量的泥质灰陶，以素面为主。

在对上宅遗址发掘和研究的过程中，邀请了其他学科的专家，以考古发掘的成果为基础，对上宅遗址当时的地貌、环境、植被、气候等方面进行多学科综合研究，确认了上宅遗址的第 8 层（即第一期文化）应是在一个干冷的环境中形成的，它的时代大约在距今 7500 年以前。这一期的陶器与内蒙古兴隆洼遗址出土的陶器极为相似，为我们寻求上宅文化的渊源提供了有力的证据。

根据最近的考古发掘成果，上宅文化的范围应在长城以南，包括北京东部，天津西部，河北唐山地区、廊坊地区，它应源于长城以北的白音长汗、兴隆洼文化，是北京地区的一个重要的新石器时代文化遗址。2001年被列为北京市第六批文物保护单位。

北埝头遗址

北埝头遗址位于平谷区西北7.5公里的北埝头村西台地上，自北部燕山支脉发源的错河，经遗址北部流向东南，汇入洵河。

遗址高出河床7米，遗址东西宽50米，南北长120米，面积约6000平方米。文化层厚0.5米至2.5米，有两汉时期的墓葬打破早期遗址。1984年，北京市文物普查中发现该遗址，当时清理10座房址均为半地穴式建筑。

1988年秋、1989年春，又两次对北埝头遗址进行发掘，又发现了半地穴式房址6座及属于上宅文化范畴的陶器石器等遗物数百件。其中陶器多为夹砂黄褐陶深腹罐，罐腹饰以竖压横带"之"字纹，碗、钵、圈足钵腹部饰以由"之"字纹或篦点纹组成的双"〰"纹；还有鼓腹罐、杯、圆泥盘和小陶饼等，纹饰还有刮条纹、剔刺麻点纹、划纹等，也有部分素面橘红色泥质陶和用于祭祀的鸟首形镂孔器。

北埝头遗址典型器物

北坮头遗址地貌图

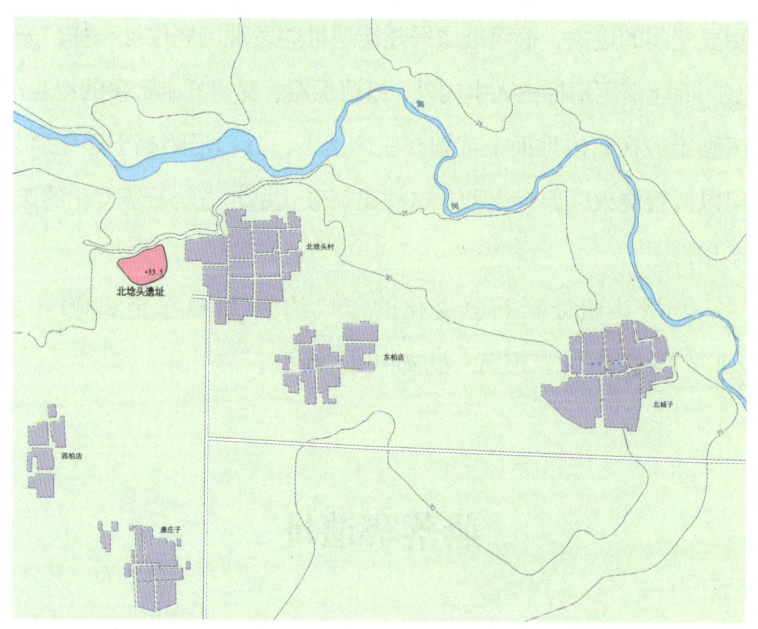

　　石器以盘状器数量最多，还有石斧、石铲、石磨盘、石磨棒、石饼、石坠等。制法有打制、琢制、磨制三种，还有一些细石器，如柳叶形石刀、尖状器、刮削器及石片、石核等。这些遗存的文化特征，与上宅遗址出土的器物基本相同；只是代表器物深腹罐上的纹饰，上宅遗址的皆为抹压条纹，不见"之"字纹深腹罐，而北坮头遗址中的深腹罐都饰"之"字纹而不见抹压条纹。由此可见，北坮头遗址所反映的文化内涵，应是上宅文化的一部分，而又区别于上宅遗存。北坮头遗址发现的16座居住遗迹，填补了上宅遗址中缺少居住址的空白。

　　北坮头遗址中的居住址均为半地穴式，柱洞在室内四壁，无明显室门的迹象，很可能像兴隆洼遗址中发现的居住址一样，无室门而可能用短梯出入室内外，既可保温，又可抵御野兽的侵袭。深腹罐放在室内地面上或埋在室内地下，其口沿略高于居住面，用以放置炭火以保存火种。这种建筑形式是北方新石器义化的风格和特点。

北埝头遗址新石器文化的年代约为7000年至6500年。2001年被列为北京市第六批文物保护单位。

燕落寨遗址

燕落寨遗址位于密云区西南3公里的河槽乡燕落寨村南，潮河、白河交汇处以北500米处的沙丘上。遗址破坏严重，现存面积约400平方米。在考古调查中曾发现有残存的锅底形灰坑遗迹，在灰坑内和附近地面上发现有陶片和石器等遗物。

陶器均为手制，陶质有泥质红陶、夹砂褐陶和少量的红褐色掺云母陶三种；器表多素面，少量陶器表面饰划纹或压印弦纹等。有些陶器因火候不匀，器表红褐相间，颜

燕落寨遗址典型器物

色斑驳。器形有直腹弦纹罐、折腹素面罐、敛口钵、侈口钵、"红顶碗"、壶、盆等多种。发现的石器有磨制和琢制的两种,其种类有弧顶弧刃和楔形石斧、柱状和月牙状石磨棒及石杵等。

根据陶器和石器特点分析对比,推断燕落寨遗址的年代属新石器时代中期偏晚阶段。

镇江营遗址

镇江营遗址位于房山区南尚乐乡镇江营村北的台地上,东傍北拒马河,北面10公里、西面5公里处即是太行山余脉,南面是华北平原。台地平面近似方形,海拔高90米,高出河床12米,地表平坦,原为农田。中部有一条清朝末年修西陵采石而成的大沟,深达5米,断面暴露灰土、生土及岩石。遗址现存面积15 000平方米。1958年考古调查时发现压在商周文化堆积之下的新石器时代遗存,自1986年至1990年连续发掘面积达1200平方米。由于遗址上部为商周文化层,新石器时代遗存仅存灰坑,多已残破。

遗存分为三期文化:

镇江营一期文化,时代属前仰韶时期(新石器时代早期)。代表性器物中陶器有夹云母红陶釜、支脚、盆、盂、器盖、三足钵、带把钵、小口双耳壶、鼎、夹砂釜、泥质红陶盆、红陶碗(钵)、小口双耳壶,石器多为砍砸器、刮削器、打磨器、细石叶等。

镇江营遗址地貌图

镇江营二期文化，时代属仰韶时期（新石器时代中期）。代表性器物有夹云母双耳罐、深腹盆、泥质彩陶钵等。

镇江营三期文化，相当于龙山时期（新石器时代晚期）。代表性器物有夹沙鬲、甗、斝、罐、夹云母碗、泥质鼎、曲腹盆、器盖、罐等。

镇江营一期文化有2个碳-14测定数据：BK89051(H1095)，距今9040年±270年；BK89053(H1067②)，距今8030年±180年（均未经树轮校正）。

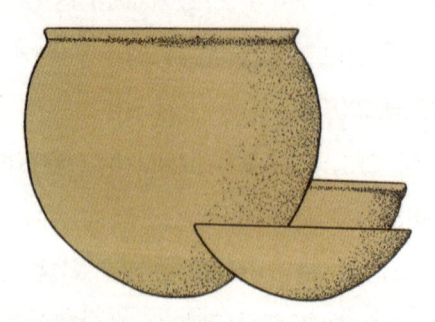

镇江营遗址典型器物

雪山遗址

　　雪山遗址位于昌平区城西4公里处雪山山丘以南的一片缓坡之上，遗址范围东西长1200米，南北宽800余米。该遗址是1960年修铁路时发现的，1961年北京大学历史系考古专业在此首次进行了实习发掘。1981年至1983年北京市文物工作队又重新对遗址做了调查与发掘工作。

　　在雪山遗址发现了战国、周、"夏家店下层文化"和新石器时代4个时期的文化层堆积。

　　雪山遗址分为四期文化，一、二期属新石器时代文化遗存。雪山一期发现的灰坑遗迹有圆形和椭圆形两种。圆形灰坑壁较直，平底，直筒状，是贮藏物品用的。椭圆形的灰坑多数是废弃的土坑。其中，发现一个直径1.8米至2.3米的椭圆形灰坑，在坑的东北壁下留存有红烧土圈，直径为0.7米至0.8米，厚3厘米至5厘米。在烧土周围有几块经火烧过的石块和一件完整的陶罐。坑内未发现柱穴痕迹，推测该灰坑是"半地穴"式窝棚一类临时性活动处所。此期陶器以素面的夹砂褐陶为主，其次是掺贝粉的泥质红陶。有些陶器表面经过压光，少数罐底发现有编织席痕。陶器均为手制。器形有做炊器的敞口罐，贮水的小口高领罐及敛口钵、壶、盆、豆、纺轮等。石器以磨制为主，种类有斧、凿、刀、磨棒、环、镞等。

雪山一期的年代相当于仰韶或红山文化的晚期阶段。

雪山二期发现有椭圆形半地穴式的房场地基，在房址东南方向开有斜坡门道，在门道中部和穴壁两侧地面上发现有柱洞遗迹，室内地面中部附近有柱础石和烧灶的红烧土圈。此期的陶器以夹砂和泥质褐陶为主，其次是泥质黑陶、灰陶和红陶。纹饰以绳纹为主，其次有篮纹、弦纹、方格纹和少数的附加堆纹。制作陶器以轮制为主。器形中罐的数量最多，其次有鬲、甗、双腹盆、曲腹碗、豆、斝、"V"形鼎足、器盖、杯、珠、环等多种。石器以磨制的石斧数量最多，其次有凿、刀、环、镞、刮削器。雪山二期的文化遗存年代属于新石器时代晚期。

雪山三期出土的陶器仍以夹砂褐陶为主，纹饰有绳纹夹划纹，主要的器物有折腹盆，深腹罐，残铜刀、环等，此期文化遗存属燕山以南"夏家店下层文化"的范畴，其年代应为夏代。

雪山四期，包括西周晚期至战国时期的文化遗存。西周时期的文化遗存较少，主要发现有饰绳纹的类砂灰陶鬲和泥质灰陶罐的残片；战国时期的陶器发现有夹云母粉的粗绳纹红褐色圆底深腹罐、深腹罐形鬲、泥质灰陶鼎等。

雪山遗址已被列为北京市第一批地下文物埋藏区。

雪山西沟遗址点

夏、商时期

在北京地区，考古学家也发现了夏商时代的文化遗迹，这使北京地区拥有了一批值得研究的早期实物，这对研究夏商时期的北京乃至北方地区的文化活动意义重大。从出土器物可以看出，北京地区的考古遗存，虽同时受到北方（燕山以北）、中原两大古文化区的影响，却仍以颇具特色的土著文化为主体。这也折射出北京地区自古即为中原华夏族与北方少数民族相互交往的通道。

夏家店下层文化遗址

密云区凤凰山墓葬

1984年，在密云水库中心岛凤凰山下发现一座"夏家店下层文化"的墓葬。该墓为长方形竖穴土坑墓，方向南偏西。墓口距地表深0.4米，墓底深0.8米，墓长2.45米、宽0.75米。人骨已朽，从残存的下腿骨可知葬式为仰身直肢式，无葬具，随葬陶器8件，放置在墓室死者头部附近。陶器中除一件是夹砂褐陶外，其余的全部是素面磨光黑衣陶，陶器组合为筒形鬲、直口鼓腹鬲、高领假圈足罐、折腹盆、粗柄豆等。该墓出土的器物形制、组合与汉敖旗大甸子夏家店下层文化墓葬十分接近，其年代约属夏代。

房山区刘李店夏家店下层文化墓葬

刘李店夏家店下层文化墓葬，位于房山区琉璃河镇北约1.5公里的刘李店村南50米的台地上。为商周时期的遗址，台地西、南两侧断壁陡直，东、北两面是平缓的斜坡，常年水土流失、整地开田，地表破坏严重。

1973年春，在台地的西部发掘清理了两座夏家店下层文化的墓葬。两座墓葬的形制为长方形土坑竖穴墓，方向正东。墓葬尺寸分别如下。

墓1，长2.4米，宽0.85米，残深0.1米。墓主人呈仰身直肢葬。右胫骨外侧出有2件夹砂红陶磨光陶簋，脚下出有2件陶鬲、1件陶罐。共随葬陶器5件。5件陶器形制："筒腹鬲"，敞口直腹，矮裆实足，足与腹相接处明显。颈腹部磨光，裆底及足面内侧仍保存绳纹。泥质灰陶。除裆足为模制外，其余部分仍为手制。另一件圆腹鬲，敞口、圆腹袋足，通身绳纹磨光，夹砂褐陶，手制。簋2件：一件口沿外折，平底喇叭形圈足，通身磨光，夹砂红陶，手制；另一件，圆唇敞口，腹壁略弧，平底喇叭形圈足，夹砂褐陶，绳纹磨光，手制。罐1件，夹砂褐陶，绳纹磨光，手制。5件陶器均具夏家店下层文化特点。

墓2，位于墓1北侧5米，长2.3米，宽约0.95米，形制与墓1相同，墓向正东。墓主的葬式为仰身直肢，在头部出有2件铜饰，一件为喇叭形耳饰（喇叭形缺损一部分），另一件为发饰（发箍），以铜丝盘绕三周的小铜环。两座墓出土的陶器和铜耳饰，均见于辽宁赤峰药王庙夏家店下层文化遗址中，从墓1出土夏家店下层文化晚期的陶鬲可确定，其年代应相当于中原地区商代晚期。

夏家店下层文化是中国北方青铜时代早期文化，其年代在公元前2000年至公元前1500年。刘李店两座墓葬的发现，为其分布的南限增加了一个新的地点，有助于对这一文化作更进一步的分析比较。

刘家河遗址

刘家河遗址位于平谷区南独乐河乡刘家河村西南,海子北干渠以北,分为遗址区和墓葬区两部分,墓葬区位于遗址区北部的山坡下。

在遗址区地面上散见有"夏家店下层文化"的陶片。调查中还发现椭圆形灰坑一个,直径2.6米至3米,坑内堆积分为4层;出土陶器以泥质和夹砂黑衣陶为主,其次是夹砂褐陶,素面磨光陶数量最多。纹饰以绳纹为主,其次有少量的附加堆纹和篮纹等。器形有罐、盆、盘、碗等。其中1件薄胎灰陶盆和1件黑衣磨光宽沿圈足盘、篮纹灰陶片等,具有浓厚的龙山文化风格,推断灰坑的年代属于"夏家店下层文化"早期阶段。

刘家河商代墓葬

1977年8月发现,位于平谷区刘家河村东一水池的南岸。墓已遭严重破坏,只存有南半部的墓底部分。

随葬器物共有40余件,可分为铜、金、玉、陶4类。铜器中有青铜礼器16件,计弦纹鼎、鬲、甗、爵、卣、罍、瓿各1件,小方鼎、兽面纹鼎、盘、盉各2件。铜兵器有铁刃铜钺1件,另有铜当卢、面饰及鳖形、蛙形铜泡。金器中有臂钏2件,耳环、笄各1件，金箔残片。玉器中有玉斧、玉柄、玉璜、松石珠等。陶器未见成形器物，只在墓坑的填土中，发现有黑色磨光陶片、夹砂褐色绳纹陶片及夹砂褐色绳纹鬲口残片等。

该墓出土的青铜礼器，不论从器形和所饰花纹来看，都具有商代的风格和特征。如：小方鼎的形制、花纹与郑州出土的2件大方鼎近似，弦纹鬲、鼎、甗以及兽面纹盘、盉等形制与湖北盘龙城李家嘴墓葬出土的器物基本相同。兽面纹鼎具有郑州二里岗期上层器物的特点，三羊罍与郑州白家庄3号墓所出的罍相似。铁刃铜钺与台西村出土的基本相同，人面形饰与安阳西北岗出土的相似。

关于该墓的年代，目前有3种不同意见。一种认为属于商代中期墓葬；另一种意见认为，青铜礼器虽具有商文化的特点，但又不都是如此，有些器物的风格近似夏家店下层文化遗存，因此，认为该墓属于夏家店下层文化的墓葬；还有一种意见认为，青铜礼器虽有近似二里岗期者，但有的更接近于殷墟早期。

刘家河墓葬的发现，为研究北京地区商文化的遗存，以及商文化与夏家店下层文化的关系，都提供了重要的线索和例证。

张营遗址

张营遗址距昌平区城东北4公里，位于东沙河以东张营村附近的一片平缓的坡地之上。

遗址地势略高于周围地面，呈土丘状，现存南北长约250米，东西宽200米，面积约5万平方米。1989年4月，北京市文物研究所对遗址进行了首次发掘，发掘面积250平方米。

遗址的文化层堆积厚薄不均，一般在1米至2米之间。地层堆积分为6层。第1层耕土层下为文化层堆积；第2层为唐辽时期的文化层堆积；第3层至第6层为夏商时期的文化层堆积，也是发掘工作的重点。遗址共发现夏商时期的灰坑21个，有圆形和椭圆形两种，发现平面呈葫芦形的居住房址地基遗迹一处。在房内东北角发现方形抹角的灶坑，灶坑表面有一层很硬的红烧土面。在房址东壁发现柱穴遗迹一个。在第3层至第6层的遗址内出土铜器有刀、凿、锥、渔叉、镞、喇叭形耳环等10余件。石器有镰刀、斧、刀、凿、范、磨石、石环以及属于细石器的镞、刮削器等70余件，出土的陶器有鬲、瓮、罐、盆、折腹盆、钵、杯、陶拍子、陶垫、纺轮等多种。

第6层内出土陶器外表多施以细绳纹，有些鬲口沿饰花边，这些做法有些接近二里头文化早期的特点。还有两件鬲口沿与昌平雪山二期出土的卷沿鬲口基本相同。因此，推测第6层的年代为夏代。第5层出土的喇叭形铜耳环和折腹盆，是北方地区"夏家店下层文化"中常见的典型器物。与这些器物同出的一种灰陶方唇鬲口沿和带锥状高实足根鬲足，与河南郑州二里岗下层出土的陶鬲近似。第5层出土的一件宽沿粗绳纹平底灰陶盆与安阳殷墟一期的同类器近似，因此，推断第5层的年代大致相当于商代早期至商代中期偏早阶段。

张营遗址已被列为北京市第一批地下文物埋藏区。

周战国时期

进入西周，历史也正式进入有文字记载的时期，这对北京地区西周文化遗址的发现、发掘有着极大的影响。特别是1986年在这里发掘出土的带铭文的青铜器克盉、克罍，明确记载了周武王灭商后分封周王室同姓贵族召公奭于北燕的这段历史。对城址和贵族墓的发掘，还证明北京就是古燕的都城，是当时的政治、经济、文化中心，距今有3000多年的历史。

琉璃河商周遗址

琉璃河商周遗址位于房山区琉璃河地区境内，距北京市区43公里。范围包括琉璃河地区北部的洄城、刘李店、董家林、黄土坡、立教、庄头等村落，整个遗址东西长3.5公里，南北宽1.5公里。大石河即琉璃河，古称圣水，流经遗址的西侧与南侧。遗址北侧是京石公路，京广铁路则从遗址的中部穿过。在遗址台地的断崖上，灰坑、灰层等古代遗迹清晰可见。

这处古代文化遗址从20世纪70年代初开始正式发掘，经过十几年的考古实践，已掌握了大量的实物资料。遗址包含了居住址、古城址和墓葬区三部分遗存。通过对出土器物的分析和研究，认定这处古代文化遗址应属商、周二代的古文化遗存，至今已有3000多年的历史。

在已发掘的居住址中，发现了当时人们居住过的房基，使用过的窖穴，以及生活用具和生产工具，其中有陶器、石器、骨器、蚌器等。除属西周时期的遗物、遗迹外，在一些使用过的灰坑中，也发现了属于商代的遗物。

古城址坐落在遗址中部的董家林村。20世纪60年代初期，北城墙有的地段在地面上还留有1米多高的城墙，后因平整土地，这些残留在地面上的城墙已被破坏，但从远处望去，整个城址仍比周围地面高,古城风貌犹存。

经过钻探和发掘,得知北城墙和东、西二面城墙的北半段,地下尚保留了大部分墙基,尤其是城址的东北角和西南角保存最佳。北城墙全长829米,东西二面城墙的北半段长约300米;南城墙及东、西二面城墙的南段,由于破坏严重,长度不明。在东、西、北三面城墙外,发现有2米多深的护城壕沟。据已知的城墙长度和东北、西南二城角的具体位置,推测古城的平面应是方形或长方形。

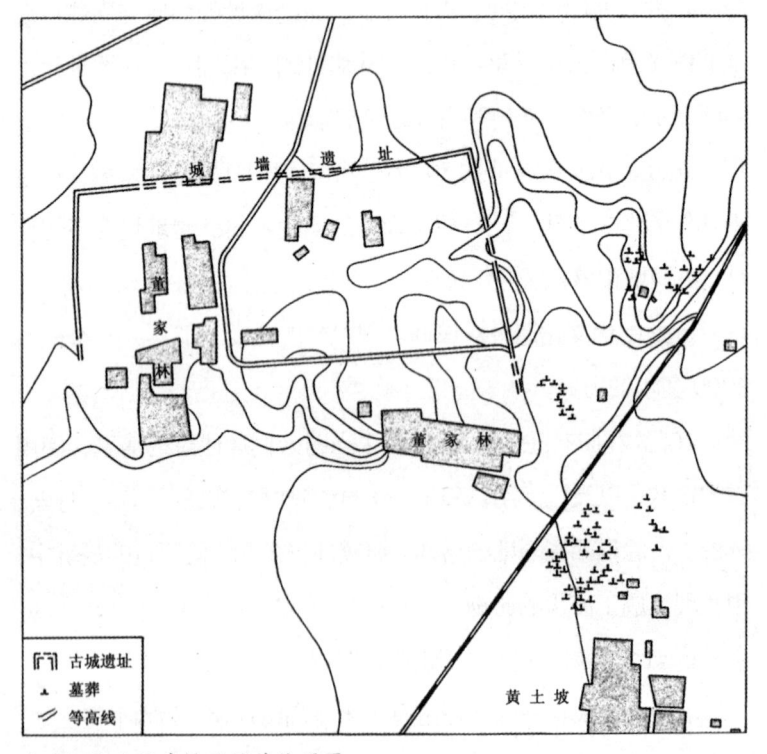

琉璃河商西周遗址及墓葬位置图

1976年秋至1977年春及1984年春曾在城的东北角及西北角进行过发掘，其结构可分主墙及内外附墙。主墙居中，土质呈红褐色夯筑，每层厚约5厘米至6厘米，夯层清晰，极坚硬，内无包含物。在主墙两侧的底部，尚留有版筑时立柱的柱穴，内有腐木痕，内外附墙紧贴主墙墙面，呈斜坡状，土质呈黄褐色，硬度不如主墙。整个墙基底部宽约10米左右，墙体断面呈梯形状。

关于古城的修建年代，由于城墙内侧的"护坡"，被商末周初的墓葬以及属于西周时期的灰坑、房址所打破，说明这座古城的修建年代，最迟不可能晚于西周初期。

1995年8月至11月，北京大学考古学系与北京市文物研究所联合对琉璃河遗址进行发掘，发掘面积1560余平方米。发掘周代古城内的居住遗址、灰坑及城墙、排水沟，出土陶器、卜骨等。1995年11月，对京广铁路以西黄土城村原墓葬区的一区发掘10米×10米探方两个，实际揭露面积171.5平方米；共发掘10座墓葬、8座灰坑，出土陶、玉、原始瓷、漆器、玛瑙珠项饰等，及殉人尸骨坑等。1996年秋，在燕都遗址发掘的灰坑"96G11H108"中发现数十块占卜龟甲；其中三片刻有文字，三片刻字龟甲均为腹甲，共有8字，分属两个个体，H108①[4]刻有"成周"二字，H108①[5]残存四字"其叙□□"，H108③[10]刻"用贞"。琉璃河遗址西周甲骨文出土，是西周考古的重要收获，为研究西周甲骨提供了新的材料。

墓葬区集中在遗址中部的黄土坡村，为工作方便，以京广铁路为自然分界线，把分布在铁路以西的墓葬定为墓葬Ⅰ区，铁路以东的定为墓葬Ⅱ区。至 1986 年冬,两区共发掘属于商、周时代的墓葬 300 余座,车马坑 30 余座。

从墓葬及其众多的出土器物以及古城址的所在,再加遗址本身的范围来进行综合分析和研究,可知在 3000 多年以前,以古城址为中心的这一带地区,绝非是一般的村落,而是有过它的一段辉煌历史。结合古代文献资料可以肯定,这里应是西周初期燕国的封地;而古城址就是燕国当时的都城,是燕国政治、经济、文化的中心。同时也证明了《史记·燕召公世家》中"周武王之灭纣,封召公于北燕"的记载是可信的。

琉璃河商周遗址的发掘,是中华人民共和国成立以来北京地区商周考古工作中一项重大的收获,在全国同类遗址中也占有重要地位。这对北京古代史的研究,特别是对周初燕国历史的研究,有相当重要的价值和意义。鉴于此,1988 年国务院将琉璃河商周遗址列为第三批全国重点文物保护单位。

20 世纪 70 年代与 80 年代的发掘,基本确定了琉璃河遗址为西周早期的燕国始封地,但对于城址的年代,则被定为商末周初。墓葬的年代分为西周早、中、晚三期,依葬制分出商遗民和周人墓两种。

1995 年以来的发掘重点是城址和居址。在宫殿区附近的祭祀遗址中发现了刻有"成周"等字样的 3 片带字甲骨。1997 年,夏商周断代工程启动后,遗址的发掘与研究工作纳入了工程中,并承担了"琉璃河西周燕都遗址的分期和年代测定"课题。

从 1995 年至 1998 年对城址和居址的发掘结果看,遗址内应有3种文化共存：商文化、周文化和土著文化（即张家园上层文化）。其中商文化系统的陶器有些可能早到殷墟四期，延续到西周初期。但在西周燕都遗址中的居住址发掘的所有遗迹中出土的陶片，至今未见单独只出商文化系统陶片的遗迹，基本上是与周文化系统的陶片同出，有些甚至还有土著（张家园上层）文化的陶片。这种现象只能说明一个问题，即西周燕都城址内所有文化遗迹及文化堆积，都是召公封燕以后形成的。结合城墙基础和城外护城河内出土的遗物看，可以认为燕都城址始建于召公封燕之后，而绝不会早到商末。这样，就彻底避开了商周之际考古学文化难以区分的纠葛，便于确定早期燕文化及为武王伐纣的年代提供了一个准确的下限年代标准。

琉璃河西周燕国墓地

琉璃河西周燕国墓地位于琉璃河商周遗址的中部，是该遗址三部分古代遗存之一。京广铁路从墓地中间穿过，把墓地自然分成两部分。分布在铁路以西的墓葬，编为墓葬Ⅰ区，铁路以东的墓葬编为墓葬Ⅱ区。经过1974年至1978年和1981年至1986年的发掘，在两区内共发掘清理墓葬300余座，车马坑近30座。因为墓葬中出土的青铜礼器上铸有"匽侯"铭文，故而将墓地定为燕国墓地。按墓葬规模可分大、中、小3种类型。

大型墓的墓室为长方形土坑竖穴，一般带有一条墓道，有的带有两条墓道，特殊的大墓则以墓室四角向外斜伸出4条墓道。凡属大型墓室都较深，一般在7米以上，更深者则达11米。大型墓已探出10余座，从已发掘的几座看，均已被盗，随葬器物所剩无几，死者尸骨多已无存，个别的只见零星碎骨；葬具多见木椁，未见木棺，一般已腐朽，但有的大墓椁盖板和木椁基本保存完好。

中型墓的形制，也是长方形土坑竖穴，不见墓道，规格一般在长3米、宽2米左右。墓内填土一般经过夯打，土色呈红褐色或黄褐色，并夹杂有生土块。葬具一般为一棺一椁，也有一棺二椁者，棺椁多已腐朽成灰，椁外四周有熟土二层台，葬式多为仰身直肢，人骨一般保存不好。随葬品以青铜器为主，中型墓一般都有附葬车马坑，无车马坑者，则将车马器随葬于墓中。

小型墓数量最多，约占墓葬总数的四分之三，一般规格为长2米、宽1.5米左右的土坑竖穴；有的则更小，葬具一般为一棺，亦有无棺或用草席裹尸者。人骨保存比大、中型墓为好，多为仰身直肢，亦有上身伸直下身屈肢者。随葬品以陶器为主，少者1件至2件，多者10余件，也有少许随葬青铜器，或无任何随葬品者。

在墓葬和车马坑中，发掘出了大量的出土器物，有陶器、青铜器、玉石器、玛瑙器、骨角器、象牙器以及原始青瓷器、铅器、漆器、蚌器货贝等。就其数量而言，光是青铜礼器就有百件之多，而且大都铸有铭文，如果加上其他质料的随葬品，全部出土器物已超过了万件。

陶器是其中最多的一类。陶质可分夹砂和泥质两种，陶器多为夹砂陶，圆底器和圈足器多为泥质陶，器表颜色主要是灰、红二色，有的器物则灰红二色兼而有之。纹饰以粗绳纹为主，其次为弦纹、三角纹和附加堆纹。器物种类主要有鬲、甗、罐、尊、豆、壶、鼎、瓿等，除部分为实用品外，多数是专门烧制的明器。

青铜器主要包括礼器、兵器、车马器和工具。礼器主要有鼎、簋、尊、卣、爵、鬲、甗、盘、罍、盉、壶、觯等；兵器主要有戈、剑、戟、镞、矛、盾饰等；车马器主要有辔、辖、当卢、銮、轭、铜泡等；工具主要有锛、凿、刀等；玉石器多属小件动物雕刻品，有龟、鸟、龙、虎、兔、蚕、蝉等。

原始青瓷器主要器形是罐和豆2种，且数量不多，但胎质坚硬，青釉光亮，敲之有声，代表了最早的瓷器烧制水平。墓中所出漆器多已腐朽，经室内清理和复原，器形主要有豆、杯、簋、觚、罍、俎、壶等。有的器表采用蚌片镶嵌技术，并有彩漆绘成各种图案，色泽艳丽，精美绝伦。在众多的出土器物中，最能说明历史问题的是青铜礼器，及其器物上所铸的铭文；尤其是一些铸有"匽侯"铭文的青铜礼器，为确定古城址的性质、作用提供了直接的证据。除此而外，就其器物本身的造型、纹饰等方面看，对研究古代的铸造工艺、美术等方面内容，也都有很高的价值。

M52出土的复尊，通高24厘米，器底铸有铭文三行17字："匽侯赏复冕衣臣妾贝用作父乙宝噂彝冀"，记述了匽侯赏赐给复礼服、男女奴隶和货贝的史实。

M251出土的伯矩鬲，通体饰满浮雕牛头形花纹，造型别致，精巧华丽，纹饰生动，铸造精细，在艺术设计和铸造工艺上，都具有很高的水平，是青铜礼器中不可多得的珍品。盖内和口沿内都铸有内容相同的铭文，记述伯矩受到匽侯赏赐的情况。

M253 出土的堇鼎，造型浑厚宏伟，纹饰古朴刚劲，给人一种庄重肃穆之感。堇鼎通高 62 厘米，口径 48 厘米，重 41.5 公斤，是目前北京地区发现和出土的商周青铜礼器中最大的一件。器内壁铸有铭文 26 字，记述堇奉匽侯之命，前往宗周向太保贡献食物，而受到太保的赏赐。铭文所记正好与文献上所载召公本人并未前往燕国就封燕侯，而"以元子就封，而次子留周室代为召公"一事相印证，同时也反映出了燕国与周王室的关系。M1193 发现的两件青铜礼器克盉和克罍，其铭文记述了周王褒扬太保、册封燕侯、授民授疆土的重要史实，使封燕一事找到了真正可靠的证据。

在一些青铜礼器的铭文中，有明确记载人的名字和事迹的，就有十数件之多。如：复、攸、伯矩、堇、圉、员等，说明这些人都是匽侯手下的有力人物，并得到过匽侯的赏赐和恩宠，所以才纷纷作器，以示怀念。因此，这批墓葬应是燕侯家族很重要的一处墓地，而墓地中的一些大型墓，很有可能就是燕国的某一代侯王。

墓地中的大、中、小型墓，不论在规模、随葬器物以及葬具上，都存在着一定的差别。这反映了墓主人生前社会地位的不同，尤其是众多的小型墓与大、中型墓同埋在一个墓地里，说明它们与大、中型墓之间存在着密切的关系。除此而外，埋葬习俗、器物组合等方面，墓地中的二区也反映了一些不同的差异。一是墓葬Ⅰ区，墓葬中有殉人现象，而Ⅱ区不论大、中、小型墓，都不见此现象；二是Ⅰ区只有中、小型墓，大型墓不见，在墓坑上部多有殉犬，棺底有腰坑也有殉犬，Ⅱ区大、中、小型墓，墓坑上部多无殉犬，亦无腰坑；三是Ⅰ区墓出土器物组合多为鬲、簋、罐，而Ⅱ区则为鬲、罐而少簋；四是Ⅰ区附葬的车马坑在墓葬的南面，而Ⅱ区附葬的车马坑均在墓葬的北面，Ⅰ区是整辆车埋入坑内，舆北辕南，马呈驾车状，Ⅱ区则将车辆拆散后埋入坑内，多将车轮贴靠在坑壁处，车轴放于坑底，车厢放于马匹之上；五是Ⅰ区墓葬年代偏早，有的上限可能早到商末，Ⅱ区墓葬大多偏晚，多为西周中、晚期墓，属西周早期墓者较少。只是Ⅰ区的中、小型墓都未发现有被盗掘的现象，Ⅱ区不论大、中、小型墓都有被盗现象，且较严重。

蓟城遗址

古籍记载，蓟城是战国时燕的国都所在，也是汉代的燕国、广阳国或广阳郡的首府。过去人们多认为白云观以西的所谓"蓟丘"是古蓟城的标志，即战国燕都所在。但1974年的考古发掘，虽然发现了古代城墙，墙基下却压着三座东汉时期的墓葬，说明这段城墙的始建年代尚晚于东汉，所以不可能是蓟城的所在。不过，考古发掘工作为蓟城的方位提供了新的可靠线索。

1956年，配合永定河引水工程发现151座战国到西汉时的陶井，其中战国陶井36座，汉代陶井115座。陶井最密集的地区在宣武门豁口两侧到和平门一带。1965年以来，配合上下水道、南护城河拓宽和中小型市政工程，发现65座战国和汉代陶井，较密集的地方是内城西南角经宣武门至和平门一线，发现陶井55座，其中西汉早期陶井29座。20世纪70年代初，配合人防工程，先后又在广安门外椿树馆、广安门内大街、南线阁、北线阁、白纸坊、琉璃厂、新华街、陶然亭、姚家井、校场口、礼士路真武庙三条，直到西单大木仓等处都发现有陶井。其中牛街北口出土的汉代陶井底发现少量五铢钱和王莽大泉五十铜钱，可

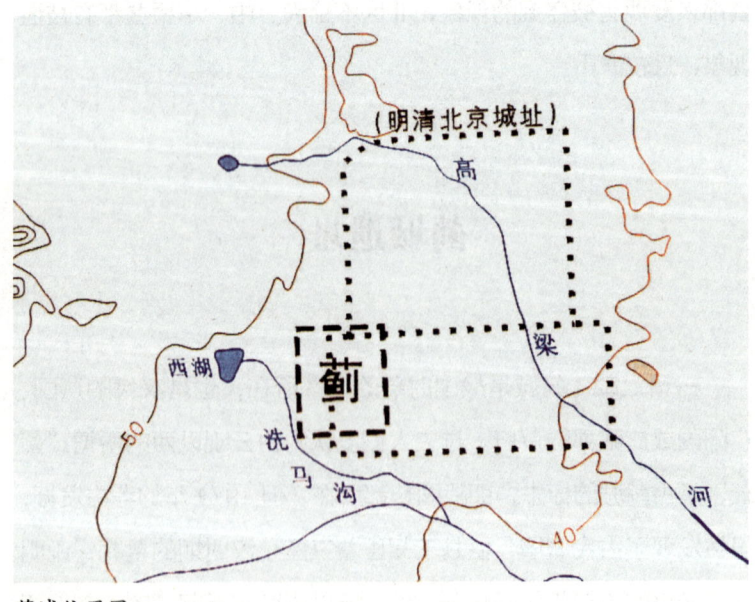

蓟城位置图

见这口陶井沿用到王莽时代。在发现陶井密集的宣武门到和平门的南部地区，在永定门火车站、陶然亭、天坛、蒲黄榆、宝华里、定安里一带，发现有数量很多的战国至汉代的小型墓葬。特别是在 1973 年，在法源寺附近和白纸坊以北、地图出版社院内发现两处战国墓群，1977 年在西单白庙胡同路南商业部后院发现了西汉墓。这些水井和墓葬群为探查蓟城方位提供了佐证。看来蓟城的位置当在发现陶井最密集的宣武门至和平门一带。从法源寺发现有战国墓群来看，可能蓟城南墙在法源寺以北，而北墙在西长安街以南。近年来还在中南海至龙潭湖之间发现一条永定河故道——三海大河，从而推知蓟城可能由于瀑水的洪水泛滥，东部被冲毁，因而在东汉以后西移。

蔡庄古城遗址

蔡庄古城遗址位于房山区南尚乐乡蔡庄西南 500 米处、南拒马河西岸的台地上，地跨河北省与北京市两界。1958 年曾进行过调查，1986 年进行了复查。

城作长方形，南北长 350 米，东西宽 250 米。东、南、西城墙可见，此城墙已被河水冲毁。东南、西南两城角保存尚完整。南墙和西墙中部各有一处向外突出。南城墙高 3 米，宽 10 余米。城墙版筑，穿棍洞间距约 150 厘米，直径 6 厘米；夯层清晰呈黄褐色，厚7厘米至10厘米，夯土内含较多夹砂褐陶绳纹陶片。夯层间有铺草痕迹。地表采集标本器型有夹云母红陶釜、夹云母灰陶鬲罐、夹砂灰陶板瓦、筒瓦等。村民曾于此地发现瓮棺葬、铜铁箭镞等，属西周至战国城址。

龙坡遗址

龙坡遗址于1984年文物普查中发现，位于平谷区夏各庄乡安固村东。南面台地为东大寺遗址，西面是场院，社员取土已挖掉遗址西侧一部分。

现存遗址南北长110米，东西宽100米，总面积约为1万平方米。文化堆积厚约10米，包含物比较丰富，曾出土西周时期的大足鬲、盆、罐口沿等残片，还有磨制石器、青铜器残片，并有战国时代的瓮棺葬和汉代墓葬。

张坊乡片上村西周遗址

张坊乡片上村西周遗址位于房山区张坊乡片上村西南、拒马河出山处东岸的最高台地上，海拔高140米。台地平面近似葫芦形,大致分3个阶地。1986年调查时,在第二阶地发现厚80厘米的含灰粒红褐土文化层;台地顶部北侧有一夯土台,因平整土地时破坏,只剩下等腰三角形的一块,顶角向北。

现存遗址南北长12.5米,东西宽10米,高约5米,底部不平,破坏了原文化层及灰坑。夯层厚3厘米至15厘米,上部夯层较薄,下部较厚,内含陶片和碎片,土色红黄灰相杂。夯窝排列密集,直径3.5厘米至4厘米,深1.5厘米。文化层中出土的绳纹鬲具有西周时期特征,灰坑中出土陶罐的年代不早于战国中晚期。

这是一处建于西周遗址之上的战国时期夯台遗址,其地势险峻,扼守拒马河出山之要径,显然与战国时期的军事防御有关。遗址时代为西周至战国中晚期。

镇江营商周遗址

1958年房山考古调查时,发现早于战国的商周遗物。1986年至1990年进行了发掘,发掘探方49个,面积1200平方米,灰坑1100座,房址13座,墓葬6座。文化层厚2米多,遗迹间关系复杂;遗存的年代跨越了商、西周、东周几个时期。

商时期文化,为商代的燕族文化,主要器物有石钺、夹砂灰陶侈口筒腹分裆鬲、折沿弧裆鬲、瓮、四系罐(壶)、甗、泥质簋、罐等。其中最具代表性的器物是侈口筒腹分裆鬲,它可见于燕山南北两麓，是典型的北方风格器物；制作这种鬲足的"炮弹形"陶模具也被发现。

西周时期文化，属周代所封之燕文化，大量的器物是夹云母折沿袋足鬲，以及罐、瓮、甑、盆，泥质簋、壶、盂。泥质簋形制特殊，高喇叭状圈足极似中原地区的豆柄。另外有石斧、石锛、石凿、鹿角镢、骨针、骨笄（最长的一件为37.4厘米）等物。

战国时期文化，主要器物为夹云母红陶釜，灰陶罐、甑、豆以及筒瓦、板瓦、瓦当等建筑构件。

西周墓葬

白浮村西周木椁墓

位于昌平区白浮村的西周木椁墓，计3座。分别发现于1975年的春季和夏季，墓位按发现先后的顺序排列呈倒"品"字形。墓口均已遭到破坏，只残存木椁，其中的1号、3号墓只存木椁底板，2号墓除椁底板保存尚好外，还残存有椁的四壁板；其结构为：东、西二壁板存2块，南壁板存2块，北壁板存3块，都是用方木从下往上垒成。椁的底板是用11根长3米多、宽20厘米左右的方木纵向排列而成，在椁底板下垫有东西向的方木2根及竹席。从残存的椁的四壁来看，尚能测出椁室的长、宽，其高度已不明。3座墓的椁室下边，都有腰坑，内埋狗一只。

随葬器物主要放在墓主人的头前及其两侧，其中以2号、3号墓的随葬器物较多，1号墓出土器物较少。其总数有400多件，种类有青铜礼器、青铜兵器、阳燧、青铜车马器、工具、玉石器以及刻字的卜甲等。青铜礼器中的鼎、簋、壶等以及车马器中的当卢、铜泡等，其形制与河南、陕西以及房山琉璃河西周墓中发现的同类器物相同。比较有特色的是青铜兵器和刻字卜甲。兵器主要有戈、戟、剑、刀、匕首、矛、盾饰等，其中的鹰首剑、马首剑、鹰首刀、带铃匕首等的形制，都具有北方草原青铜文化的特征。兵器戈、戟有铭文"丌"和"㝬"。卜甲残片共发现100多片，卜甲的背面有方形平底的凿，排列整齐，并有灼痕；契刻的字体很小，其文字有"贞""其祀""其尚上下韦驭"等。卜骨为圆形平底凿，骨臼经修整未见契刻。这3座木椁的发现，就青铜礼器而论，反映出了在西周时期不论是在中原地区，还是在边远地区，在青铜礼器的铸造技术上都是一致的，从而也说明在文化上的一致性。就青铜兵器而言，则显示出了较强的地方特点，更有别于中原地区；同时代的墓中所出的兵器，说明了发达的中原文化与北方地方文化在北京地区这一特殊的地带，相互影响，相互融合的特点。

金牛村墓葬

1982年5月，在北京市顺义区牛栏山乡金牛村东北角，该村农民盖房挖地基，在距地表1米深处，发现西周墓葬二座，出土铜器、陶罐等。现场勘察，两墓只残留墓底的一端，墓葬的方向为北偏东，现场还残剩一些铜渣和一部分碎陶片。

两座西周墓葬，共出土青铜器8件。虽然都有残破，但并不严重，经清洗，计有鼎、卣、尊、觯各1件，觚、爵各2件。出土的这8件器物都有铭文。圆鼎，通高23.3厘米，口径18.4厘米，足高9.5厘米，鼎内壁有铭文二行六字，"羍乍（作）比（妣）辛尊彝"和"亚員矣"族徽；二件铜爵内铸有阳文"亚員矣"式样的族徽；其余各器之内铸有"父己""亚員矣"族徽。这组器物上的三字铭文均为"亚員矣"族徽，说明这批青铜器应是同期所铸。而署有同样族徽的器物已经不止一次在北京的卢沟桥、房山琉璃河和辽宁省喀左县等地发现过。这组青铜器是北京顺义区境内首次发现的周代青铜器，为研究该族的地望增加了新的资料。

这组青铜器的造型、纹饰、铭文等方面，均与房山琉璃河出土的西周燕国青铜器有密切关系。墓葬的年代约为西周初期。这些青铜器的发现，对研究北京地区的历史地理有着重要意义。

东周墓葬

怀柔区东周墓

1959年冬至1960年春，北京市文物工作队在怀柔区城北师范学校西侧进行考古钻探及发掘工作，清理发掘春秋、战国时期墓葬23座，均属中小型墓。墓葬形制多为长方形土坑竖穴墓。中型墓一般为4.5米×3.2米×5.3米；小型墓一般为3米×1.9米×5米。使用的葬具全部为木质的棺、椁。棺椁四周为二层台，有的墓一端为生土二层台，其余三面为夯土二层台。在这23座墓中，重椁的4座，一棺一椁的13座，有棺无椁的1座。墓主人的葬式为侧身屈肢与仰身直肢两种，头向全部向北。墓中出土的随葬品，一般是有二层台的墓，将随葬陶器置放于生土二层台上；没有二层台的墓，则将随葬陶器置于死者头部的棺椁之间。23座墓中主要随葬品以陶器为主，其中大部分为泥质灰陶礼器（鼎、壶、盘、匜），极少为夹砂红陶器（鬲、釜）；另外还出有少量的铜带钩、玛瑙环以及骨质、角质装饰品。据陶器在墓中的组合关系和共存的铜带钩的形制，对照中原等地同类器物相对年代，墓葬分作四期。

第一期，只出夹砂红陶鬲、釜，年代较早，应属春秋时期。

第二期，陶鼎腹部兽面纹饰与安徽寿县蔡侯墓及河南辉县琉璃阁器物花纹相近，铜带钩形制较早，应属战国初期。

第三期，陶豆上压印锯齿形暗纹，陶匜、陶鼎均与河北邯郸战国中期墓葬出土器物相似，琵琶形铜带钩等均属战国中期。

第四期，器物粗糙、简化，鼎足作束腰兽蹄形，接近汉代铜鼎，但其墓葬形制与西汉墓尚有距离，应属战国晚期。

综上所述，北京地区春秋战国墓葬与中原一带基本相同，但在时间上较中原稍晚，在器物上也有一定程度的地方色彩。

龙庆峡春秋战国墓

1994年延庆县龙庆峡别墅工程考古工作中，发现12座春秋战国时期的墓葬。均为东西向长方形竖穴土坑墓，存在殉牲和砾石堆成象征性石椁的现象。典型随葬器物是直刃匕首式青铜短剑、削刀、各种铜饰、马具及夹砂红褐陶罐，重要资料与同时期中原文化迥然有别，为研究东周时期燕山地区少数民族文化提供了实物资料。

贾家花园战国墓

1977年10月，丰台区永定门外贾家花园发现战国竖穴土坑墓，墓室长2.4米，北壁距墓底0.15米处有深45厘米、高50厘米壁龛，出土"胜"字铭铜钫、铜鼎、异形鼎、铜灯及错金银漆盒等。

昌平区松园村战国墓

1956年和1957年8月，北京市文物工作队在昌平镇东1公里的松园村西南角和东北角清理了两座相隔约半里远的战国时期中型墓葬。除此之外，在这附近的东山口一带，也发现有战国时期的墓葬，可能是一个墓葬区。

1号墓位于村东北角，2号墓在村西南角。两墓皆为长方形土坑竖穴墓，南北向，墓口略大于墓底，墓壁斜直。1号墓墓室内有壁龛，龛内放置随葬品；2号墓无壁龛，随葬品置于棺椁前头。1号墓长5米、宽3米，2号墓长5.6米、宽3.7米，均有二层台。1号墓主人的葬式为仰身屈肢葬，下肢作屈肢成70°锐角。两座墓葬出土的随葬器物，大体相仿，以陶器为主，突出的特点是，出土相同的成套礼器，器物组合关系均为鼎、豆、壶、盘、匜、鬲、盨、簋等，未见铜器。另外两座墓葬都出有石璜、圭，二号墓石璜最多，包括残碎的在内有120片，石料的质量很差，都是沙石的。出土的陶器非常精美，均为仿铜器造型。陶鼎盖上立置兽纽，盖面及腹部镂刻花纹，足膝为兽面；陶豆之小口者，上刻花纹，大口者满身朱绘。出土的这批仿铜陶器，不论是大型器物还是小型陶器彩绘都非常精致。方体陶壶通高71厘米，造型挺拔秀雅，颈部四面雕饰对称兽耳，遍体朱绘，图案简洁，用朱红色绘在陶器的周身，花纹为流云纹和变形的蟠螭纹。还有外展双錾耳身大陶盘、鸟形陶匜、方座兽耳陶簋，均为朱绘花纹。这些器形、纹饰系模仿青铜礼器。松园发现的这两座墓所出土的陶器与唐山贾各庄出土的战国铜器，有很多类似的地方，例如盘、环耳陶簋、陶匜等。匜的鸟首形象完全相同，只是贾各庄的铜匜鸟首口是活动的，作流用，底部有三足，松园的陶作鸟首，尾作流。

关于墓葬的年代，把出土的陶器器形、花纹与唐山贾各庄出土的铜器比较，该墓年代应当属于战国初期。

良乡黑古台墓

良乡黑古台墓位于房山区良乡镇南黑古台村北400米处，西距京广铁路400米。1991年调查时，该墓顶呈圆锥状，高出地表7米，直径60米。经铲探得知：土台为封墓夯土，厚15米，夯层质密，黄色，每层厚9厘米至12厘米；南侧有一条墓道，宽8米，长度已无法得知；墓室形状不清，充填灰膏泥（内含木炭），木质棺椁，上附朱漆。利用从灰膏泥中采集的木炭，经碳-14测定（已经树轮校正）距今2275年±85年，即在战国中晚期。

《魏书·本传》："卢道将为燕郡太守，下车表乐毅、霍原之墓而为之立祠。"《城冢记》："燕广城君乐毅墓在县南三里。"（《日下旧闻考》编者按："乐毅卒于赵，当是返葬于此。今其地大数亩，高丈余，题曰望诸君墓，其来已久，无年月。"）《胡祭酒集》："望诸君墓在良乡县治南三里。"《柳宗元吊乐生文并序》："许纵自燕来，曰燕之南有墓焉，其志曰乐生之墓。"（以上均引自清《日下旧闻考》卷一百三十三）

1992年，在黑古台大墓西南100米的高庄找到望诸君墓碑，村民指证，其取自该墓。其碑长方形，立于"民国□年"。按墓碑和该墓的年代数据、夯土形制、地理位置推断，黑古台墓大墓即古文献上记载的乐毅之墓。1962年调查时,曾在附近发现板瓦、瓦当等建筑构件，很可能与墓葬前的祭祀建筑有关。

瓮棺葬

海淀区中关村瓮棺

1955年，北京海淀区中关村北京大学修建宿舍过程中发现瓮棺葬，方向为正南北，瓮棺以两个模制泥质夹云母红褐绳纹陶瓮相对。陶瓮，俗称鱼骨盆，瓮长0.5米、宽为0.3米。棺内尸骨已朽无存，无随葬品。在瓮棺北头覆有泥质灰陶片，无纹饰，在瓮棺周围尚有残碎鱼骨盆，由此推测，此处是瓮棺葬区，其时代不会早于战国前，亦不会晚于汉代。

延庆县葫芦沟瓮棺墓地

1985年至1986年，在发掘延庆县葫芦沟山戎（一说为北狄）墓地时，发现并清理了瓮棺墓群。其时代与文化性质、埋葬制度与海淀区中关村瓮棺不同，但并没有明显分界，部分墓葬交错分布或叠压于前者之上。共清理瓮棺墓 32 座，多为南北向。墓穴为不规整的椭圆形土坑，深度依瓮棺大小在 1.6 米至 0.4 米之间，所葬儿童大多为初生儿及 1 岁至 1.5 岁，2 岁或 3 岁者仅一例。瓮棺多以釜、罐、盆、瓮、甑、筒瓦等器皿套接而成，以三釜套接为多，随葬品很少，极个别有石管珠、灰陶珠、小圆铜片饰及殉小狗头、牛牙、狗残骨等，系受殉牲影响。其时代晚于春秋，当属战国至秦汉。

海淀区八里庄瓮棺墓

1949 年，海淀区阜成门外八里庄摩诃庵八里庄中心小学院内挖防空洞，于地下 1.7 米处发现瓮棺墓两座。1 号墓头北足南，以两个模制泥质夹云母红绳纹陶瓮，瓮口相对为瓮棺。两瓮形制基本相同，为侈口筒腹圜底，口沿宽 3 厘米，通高 45 厘米，内径 23 厘米；内葬约 3 岁儿童，仅存头盖骨及肢骨碎片，无随葬物。距 1 号墓东约 2 米为 2 号墓，两瓮形制不同，上瓮形制同 1 号墓；另底瓮为小口折肩直腹圆底泥质夹砂绳纹灰陶瓮，以泥条盘制，瓮底均有黑色烟点，曾作炊具使用过，内葬 3 岁以下儿童。此类瓮棺葬是首次发现，其时代应属战国时期。

山戎文化遗址墓葬

玉皇庙山戎墓地

1985年至1989年，北京市文物研究所山戎文化考古队在延庆县燕山和军都山地带经过5年艰苦调查与发掘工作，在延庆盆地、海坨山脚下与军都山边缘山地，发现了10余处以北方草原青铜短剑为主要文化特征之一的山戎文化遗存；并在广泛考察的基础上，选择了延庆县玉皇庙、旧县乡古城村的葫芦沟、西梁垙

山戎墓地遗址

等 3 处规模较大的山戎文化部落墓地，进行了科学的发掘。从而探寻到这支在中国历史舞台上已经消逝了两千三四百年的古老少数部族的踪迹。

玉皇庙山戎墓地位于延庆县城西北约 13 公里，在京张公路北侧 1.5 公里的一处向阳山坡上。墓地东、西两侧，是山水冲击而成，隆起的两个馒头状的山丘。北面背靠巍峨绵延的大海坨山，主峰的高度超过海拔 1300 米；南临延庆盆地冲积平原，官厅水库位于其西南约 6 公里。

墓地西侧约 200 米的高坡上，残存有玉皇庙旧址，玉皇庙村因此寺庙而得名。墓地距村很近，西区仅距村中心东北 250 米左右。墓地依山势走向，北高南低。墓地最北高处的墓穴辟在山崖根部，南面最低处的墓，则被压在玉海盘山公路路面之下。这里地属塞外，八达岭长城位于其正南约 20 公里。从这里南望，这 20 公里宽的延庆盆地和南面的八达岭等天险，可能就是当年的古燕国与山戎部族之间的一块绝好的自然隔离带。

玉皇庙墓地南侧的京张公路往西南 16.5 公里，即为河北怀来县北辛堡山戎文化墓地的所在地；往东北 12 公里，即至古城村西梁垙墓地和葫芦沟墓地；其正南 11 公里，即是康庄乡大营村山戎文化遗存点。所以延庆盆地和大海坨山南麓、京张公路沿线和环官厅水库地带，确曾是古代山戎部族盘踞、活动的重要地区之一。

玉皇庙墓地，是迄今为止山戎文化墓地中规模最宏阔的一处。墓葬布局依山势走向，即由北而南渐次营造排列。墓葬皆为长方形竖穴土坑墓。墓葬大都作东西向，死者绝大多数头朝东；极少数墓葬呈南北向，凡为南北向墓的死者，头皆朝北埋葬。

玉皇庙墓地可分为东、西和中区三大区。这三大区的北部地势较高，南半部地势较低。从发掘的情况来看，地势偏高的西区和其他两区的北半部墓葬，年代较南半部显得略早一些。从墓葬形制规格大小和死者身份高低的角度看，中区的北半部大、中型墓较多，其中不乏属于部落首领或级别较高身份的武士墓。北半部所出的夹砂红褐陶鼓腹罐较多，而南半部常见泥质灰陶折肩罐。从青铜短剑和铜刀的形制考察，形制较早的青铜短剑和凸环首弧背铜刀，多出于北部，较晚的形制为双环首青铜短剑和扣环首铜刀，则多出于南部。

玉皇庙墓地，除中部被农民取土破坏外，墓葬基本保存完整。从墓葬排列的密集，彼此间未见打破关系的情况分析，该墓地被投入使用之时，以及后来延续使用过程中，都遵循一定的布局规制，不见乱葬的现象。

玉皇庙墓地的葬式，绝大多数为单人仰身直肢葬，俯身葬只见4例，仰身屈肢葬仅见1例。死者绝大多数为头东足西。有的墓葬，只有随葬品而不见人骨架，随葬品多按常规象征性地摆放到相应位置，示意墓中埋有死者，实则是一座空穴。这类墓往往都出土成组青铜兵器，有可能墓主人系阵亡在疆场而未能收尸的武士。

玉皇庙墓地大部分墓葬发现有木质葬具，从葬具腐朽痕迹观察其形制，皆属木椁。按人体摆放方位，木椁皆作东西方向置于墓底正中，不分头尾，宽窄一致。南、北两侧帮各立置一块侧板，东、西两端，各立插一块堵板，堵板与侧板相接部位，不在顶头处，而是内缩一段，形成侧板两端作探头状。东端堵板，不但高于侧板，而且往往高于西堵板。

玉皇庙墓地还有石椁墓，不像东北地区石棺那样规范化。这种石椁墓，数量不多。所谓石椁，即用自然石块，在墓底围绕四壁砌成长方框形，有的高一些，实际是一种简易的，或者说是一种象征性的葬具形式。

这个墓地中的三分之一的墓葬，死者面部有覆面铜扣。这些死者中，既有成年以上的男女，也有几岁的儿童。有的在死者面部往往有一至三枚小铜扣以外，还发现在死者前额至眉弓之间，以至两耳前沿，成弧线连成一排小铜扣，铜扣背面亦有穿鼻，用麻线缀于织物上。在玉皇庙墓地约有60%的墓葬有殉牲。从种

山戎文化陈列馆

类上看，有狗、羊、牛，马的数量最少。死者不分男女老少，都有殉牲的习俗。从殉牲位置看，该墓地一律将殉牲放置在墓圹内填土中。

玉皇庙墓地共发掘400余座墓葬，90%以上有随葬品；出土随葬品的墓，多以男性墓较丰富。出有陶器、青铜兵器和马具、生产工具，以及装饰物。特别是2号和18号以及250号这三座规模较大的墓，出土的成组青铜容器，有鼎、簋、罍、盘、匜、镬、舟、杯、斗等；罕见的金饰品有虎牌饰、璜项饰、金丝耳环、金丝串珠以及包金铜贝、饰品。还出有成套的青铜马具——马具的花纹为写实动物纹，及衔、镳和节约等。还有青铜短剑、削、镞与戈共存的成组兵器等。这些随葬品的出现，使我们对这个文化的生产力水平有了更进一步的了解。

在清理的过程中，不仅出有大量的随葬品，而且发现有数例毛、麻、绢等纺织物，大多用于缠裹器物，或搓成线穿于器物鼻纽中。18号墓、2号墓和250号墓出土的铜罍中，还发现有沉积的酒糟，酒糟已成块状，由凝聚的粒状谷物构成。

从玉皇庙墓地中出土的成组青铜容器上的花纹造型来看，如重环纹鼎、云纹盘、蟠螭纹罍等特征，推测该墓的相对年代早到春秋初期，卜限根据出土的泥质灰陶折肩罐与尖首刀币共存的情况，推测其年代可能延至春秋晚期或春秋战国时期。

玉皇庙山戎墓地的发掘，较全面、系统地揭示和认清了山戎的埋葬习俗和埋葬制度，基本上明确了山戎文化的属性和内涵，使我们将山戎文化与燕文化和中原文化，以及与夏家店上层文化分辨出来。这项调查与发掘成果,填补了中国北方地区和北京地区东周考古学的空白,同时大大丰富了中国北方民族史和北京史的研究内容,并为中国古代经济史、古代兵器史、青铜冶铸工艺史等研究,增添了新的课题,开拓了新的领域。

西梁垙山戎墓地

西梁垙墓地在延庆古城村西北,距葫芦沟山戎墓地西南约800米。墓地坐落在一个较低矮的山丘上,坡顶北高南低。

在这里共发现18座山戎文化墓葬。此外还有29座时代稍晚的燕文化系统墓葬。这18座山戎墓葬分布在山顶或接近山顶的东坡和东南坡上,均为长方形竖穴土坑式,呈东西方向。

该墓地死者的葬式,绝大多数都是单人仰身直肢葬,仅有1例仰身屈肢葬,没有其他葬式。死者头向一律朝东。大约三分之一的墓葬内发现木质葬具,但大多保存不好,板灰痕迹较清楚的仅有2例。其中以YXM25最具代表性,其为单椁,形制为矩形,平面结构呈日形。有四分之一墓葬墓主面部遗留覆面铜扣,这与葫芦沟墓地基本一致。说明这两处墓地的主人具有相同的覆面习俗。

该墓地发现殉牲的墓葬,约占四分之一。殉牲位置,均在墓圹东端填土之内。殉牲形式大致与葫芦沟墓地相同,是以牲畜的头和腿作代表,不以动物身体殉祭。殉牲种类除牛、狗之外,这里增加了大量的马。

西梁圪墓地死者中，男性占二分之一强，女性占二分之一弱；皆为青、壮年，没有老人和小孩，只有1例男性少年。其中随葬青铜短剑、青铜工具的皆为男性。女性除1例随葬青铜针之外，其他多是随葬装饰品，如项链、耳环之类。

随葬陶器的出土部位，都在死者头部附近。陶器分夹砂系和泥质系两个系统，以夹砂系占绝大多数，器类只有夹砂红陶罐或夹砂红褐陶罐一种，质地粗糙疏松，火候较低，皆为手制。泥质系仅出土1件泥质灰陶折肩罐。随葬青铜短剑、铜刀的墓，约占四分之一。

从青铜器物出土数量看，以装饰品类为最多，生产工具次之，兵器和马具最少。

YXM25号墓是西梁圪与葫芦沟这两处墓地中规格最高的一座。出土了青铜兵器戈、短剑、镞，青铜生产工具刀、锛、凿、锥及锥管，一组金质饰品及青铜饰品，如金丝耳环、玛瑙和绿松石坠饰、铜牌饰、带钩、带饰等；还出土了一组马具，如铜衔、铜泡、骨环；还出土一件青铜容器——舟。从殉物之丰富判断，此应系首领之墓。

根据西梁圪墓地出土的直刃匕首式青铜短剑、铜刀和铜带钩的形制，特别是根据YXM25号墓出土的柄端铸饰写实动物图案的短剑、弧背凸环首的铜刀及形体宽厚的铜带钩与内、援相平的三穿铜戈伴存（这种形式的铜戈，与年代明确的上村岭M1052∶52号太子元徒戈、浚县辛村M117∶99号铜戈以及中州路M2451∶10号铜戈等，形制相似）可以推定，西梁圪墓地很少泥质灰陶器，不见泥质灰陶高柄豆及高领壶，也没有尖首刀币，其年代下限大概不应晚于春秋晚期。

军都山春秋北方民族部落墓

位于延庆军都山南麓旧县乡古城村、葫芦沟、西梁龟山和靳家堡乡玉皇庙村等地，分布有东周时期与燕国为邻的少数民族山戎（一说为北狄）墓葬群。1985年至1989年曾作专题调查和发掘，在军都山方圆50公里内发现十余处东周时期文化遗存，并揭示出三处部落墓地——古城村西梁垙、葫芦沟、靳家堡的玉皇庙。

1994年又在西梁垙东坡和龟山作了勘探和发掘，总面积10万余平方米，共发现春秋时期墓葬12座。先后共发掘墓葬560余座，其中大型墓葬5座，出土具山戎（一说北狄）特色文物万余件。其中以玉皇庙墓地规模最大，占地22 000平方米，墓葬400余座，其中有大型墓葬2座；墓地皆选在向阳的山坡上，墓穴东西向，为长方形竖穴土坑墓，死者大多为仰身直肢单人葬，头东足西，以麻布蒙面，身份较高者使用木椁。大部以马、牛、羊、狗的头和腿置于墓坑东端填土中，作象征性殉牲。男女老幼大都佩戴各类质料制成的项链，耳戴弹簧形的铜丝或金丝耳环，或项下戴有动物形的铜牌。男性武士腰佩直刃匕首或青铜短剑、铜刀、砺石等，首领大墓随葬双耳铜镬、漆绘铜舟（仅见）、铜鼎、铜罍、云纹铜盘、镂空柄匕首式青铜短剑、金虎、金马片饰、铜锥筒、虎形环首合璧削椎两用削刀（仅见）等。

这些器物与埋葬习俗均与燕和中原文化不同，与辽西的东胡和蒙古沙漠、草原地区的匈奴文化也判然有别，因此可定为北方山戎（一说为北狄）的部落墓地。为北京地区先秦史、中国北方民族史、古代畜牧经济史、古代兵器史和青铜冶铸工艺史的研究增添了新的资料，提出了若干新问题。

秦汉时期

在北京及周边地区，发现了多处秦汉古城址和古墓葬。这些古城遗址有的是战国时期燕国的国都，有的是小区域内的中心城市，在秦汉时期发展为郡县治所，如秦汉蓟城、窦店古城、作为燕下都的武阳城、长沟古城、博陆古城等。有的古城还和军事活动有关，如朱房古城。此外，以石景山老山汉墓、丰台大葆台汉墓为代表的秦汉古墓葬，为了解秦汉时期的社会风貌、丧葬制度等提供了大量的实物依据。

汉代古城址

清河镇朱房村秦汉古城址

清河镇朱房村秦汉古城遗址，位于海淀区清河镇西约1公里的朱房村。城垣保存完整的仅西南角，计由西南角向北断续保留115米左右，由西南角向东一线完整，保存150米左右，东南角濒河，特别隆起，上有一近代墓葬，保存了城角基点，东面隆起如堤，尤可辨别为城垣基的残迹。惟北面及东北、西北两角无存，但部分城基夯土仍然保存，因此城的四至是可以知道的。

城平面呈正方形，南北向，每面长约500米，周长约2000米。按秦汉"千丈之城，万家之邑"之制，这是一般大县的情况，此城周长正与之符合。20世纪50年代，曾对古城遗址前后进行了5次发掘清理，较为重要的是后3次。

其中，第三次是1954年11月，发现一处汉代铜铁冶坊遗址。其炼炉已不完整，发现有铜、铁炉渣，残碎的炼炉壁，铜镞等，还有汉绳纹砖砌的残墙一堵。在其附近清理出一堆铁刀、剑、戟、锄、铲、镢、车轴瓦等铁兵器和农具，可能是这一座冶坊的产品。

第四次发掘，在1955年10月，在城垣上开一豁口，同时还清理了一处城垣断崖。通过发掘清理，得知此城结构：城基宽达 11.85 米、夯土残高 3.15 米、顶残宽 1.4 米。夯土层厚薄不一，最厚的 20 厘米，最薄的 10 厘米。夯窝直径 6 厘米至 7.5 厘米。在城垣断崖处发现柱洞 3 个，洞内残存大量木炭，似筑城时用以加固木板的木桩遗痕，由此推测筑城时采用版筑方法。

夯土内含遗物有：夹砂粗红陶片、夹砂粗灰陶片、泥质红陶片、泥质灰陶片 4 种。以陶质论，前两种是北京地区较为典型的战国时代或战国以前的遗存，后两种则是战国时代的遗存，而竟没有一片汉代陶片。因此，该城的始建年代上限应当是战国，下限多在秦汉之际。

第五次发掘在 1958 年进行，在城东北角，发现古陶井十几座，是用一节节陶井圈堆叠而成，埋在地下。井底均发现有高领罐及五铢钱等，陶井圈外壁印有绳纹，内壁为卷云纹，其形制与白云观、陶然亭等处陶井圈相同，故可以推定为汉代陶井。

城内还发现大量汉代筒瓦、板瓦和瓦当，瓦当上花纹有卷云纹、"卍"字纹和"千秋万岁"的篆体字。地下埋有整行的墙基和房基，据砖的尺寸和纹饰，可以断定为汉代的建筑遗址。

通过几次发掘清理，我们对朱房村古城遗址有了初步认识。该城城基宽达 11.85 米、顶残宽 1.4 米。按《周官·考工记》"匠人为沟洫"一则所记"墙厚三尺、崇三之"的筑城方法，即底与高成 1∶3 的比例，则当日此城的高大可知。故此，该土城原来必当是一座具有重要军事意义的边城。

北京距长城不远，在秦汉时代，它是防胡军事基地之一，而居庸关更是秦汉时代全国九大要塞之一。由此观之，该城即是秦汉时代防胡军事要塞工程重要的一环，起到拱卫古北京城（蓟城）的作用。

良乡镇广阳城遗址

位于良乡镇东北4.5公里的广阳城村东南。1962年调查时，已被淤沙淹没，除西北角城墙保留有高4米、长40米一段外，其余黄土墙基仅隐约可见。城作方形，边长600米。地表遗物很少，在城东南角东边和城西北角残墙中，采集到夹云母红陶、泥质绳纹灰陶残片和青灰色残陶片等东周至汉代的遗物。

《太平寰宇记》卷六十九："广阳故城在今县东北三十七里。"（今县指良乡故城，即汉良乡城，在今窦店镇西。）清《一统志》卷四："（广阳城）在今良乡东北十里。"《读史方舆纪要》卷十一："广阳城在县东八里，汉县，属广阳国。"《水经注·圣水》："广阳水注之，水出小广阳西山，东经广阳县故城北。又东，福禄水注焉。水出西山东、南经广阳县故城南，东入广阳水，乱流东南，至阳乡县，右注圣水。"广阳水即今之小清河，发源于长辛店迤西的山中，经广阳故城之东侧东南流，至广阳城南的水碾屯与哑叭河汇合。哑叭河旧称盐沟或雅沟，《水经注》称福禄水，发源于良乡城北山中，向东南流，于广阳故城西1公里处东南流。广阳故城正处两河之间，与《水经注》所载地望相合。清《一统志》："广阳故城以其属国广阳国，亦谓之小广阳。"这是由于汉广阳郡（国）

治在蓟，所以广阳县城称为小广阳，是汉广阳郡（国）所辖蓟、分城、广阳、阴乡四县之一。

长沟镇汉"西乡县"故城

位于房山区城南长沟镇之东侧，1962年考古调查时南、北、西三面土城墙垣尚保存相当高度，东墙已成平地。城平面呈刀把形，南宽北窄。原东垣长500米，西墙北段长290米，南段长210米，南墙长360米，北墙东段长320米，西段长40米。其城周长约1720米，接近秦汉"千丈之城"之制（2000米）的大县之城。城垣保存最高处约5米，城内夷为平地，无建筑物，仅其西北角有数座近代墓。自琉璃河镇通往长沟镇的公路从东墙中段斜穿城西南角而过。

城中采集的遗物有加蚌屑红陶、泥质灰陶等残片，兽面纹半瓦当等，还发现有唐、辽时代的白釉瓷片。在城西一土坑中，发现有残碎陶器及绳纹砖等汉代遗物，推测这里可能是墓地。据采集到的遗物初步推断，其城始建上限为战国末或西汉初，下限为唐、辽时代。

按《水经注·圣水》："……又东与挟河合，水出良乡县西甘泉原东谷，东经西乡县故城北，王莽之移风也，世谓之都乡城。按《地理志》涿郡有西乡县而无都乡城，盖世传之非也。""圣水自涿县东与桃水合，首受涞水于徐城东南，良乡西，分洹水，世谓之南涉沟，即杭水也。……（桃水）又东，洛水注之，水上承鸣泽渚，渚方一十五里，汉武帝元封四年行幸鸣泽者也。服虔曰：泽名，在遒县北界，即此泽矣。西则独树水注之，水出遒县北山，东入渚，北有甘泉水注之，出良乡西山东，南经西乡城西，而南注泽渚，水又东经西乡城南，又东经垣县而南入垣水……"据此记载，可知西乡县故城附近地理情况，西乡县故城北有"甘泉原"，并有自甘泉原发源的挟河即古挟河经其县北。甘泉原即今长沟镇北3公里之东、西、南、北四甘池村。挟河即发源于此，问南流，穿长沟镇、挟河村再向东流。而西乡县城西南，有所谓方园十五里的"鸣泽渚"，今长沟镇西南至拒马河边，均为一片稻田。从地望观察，长沟镇西南稻田中心挟河村一带要低于长沟镇北10余米，似可推测这片稻田为当年鸣泽渚之前身。而鸣泽渚"西则独树水注之"，今长沟镇西有自房山西域寺水头发源的一条小河，经独树村向东南流入洼地，即应为独树水也。按以上所述，长沟镇土城遗址当为《水经注》新记汉西乡县故城也。《汉书·地理志》"涿郡"条："高帝置……属幽州……县二十九"，"西乡，侯国"。《汉书·王子侯表》："西乡顷侯容，广阳顷王子，元帝初元五年六月封。侯景嗣，免。"由此可知，汉西乡县城在汉为汉广阳王刘建之子、武帝曾孙西乡侯刘容之侯国封地；其城为刀把形，可为研究西汉侯刘国城形制之实物佐证。

窦店镇汉良乡故城

位于房山区窦店镇西侧，东北距良乡城12.5公里，西北距房山城 12.5 公里，南距琉璃河 7.5 公里。

建筑在平原地带，四周为村镇：南为大白草洼村，西南为芦村，西北为板桥村，北为田家园子村，东北为瓦窑头村，东为窦店镇。城西北角被大石河冲毁。1958 年调查时称作芦村古城，1959 年调查和 1962 年复查时称作窦店古城，1986 年和 1990 年进行了铲探和试掘。城分大城、小城两部分。

大城平面呈长方形，东西长约 1230 米，南北长约 1040 米。城墙分内、外两道。内墙夯筑，主体宽厚，夯层均匀，较薄，夯窝紧密，直径 5 厘米至 6 厘米，夯层间有垫草痕迹，时代在战国晚期；其内包含一道城墙夯层薄厚不一，版筑窄小，时代不晚于战国早期。内墙护坡夯层薄厚不一，掺杂有大量碎瓦及少量铁器，年代应在西汉。外城墙系滚夯而成，夯层全部向外倾斜，不见夯窝，年代应在两晋时期。大城东、南、西三城墙中部各有一门。小城位于大城的西北部，西墙利用了大城的西墙，其余城墙后筑；平面长方形，东西长 400 米，南北长 300 米，南墙中部有一城门。时代约在南北朝时期。

《读史方舆纪要》卷十一："良乡旧治在涿州北四十里、五代后唐长兴三年（932）移治于此。"（指今良乡城），清《一统志》卷四："旧志，汉良乡故城在涿州北四十里。"今涿县仍是汉唐旧治，汉良乡城则应在涿州以北，今良乡以南之地。清《顺天府志》卷二十七："良乡县西南二十五里窦店镇""三十五里琉璃店，在琉璃河北五里许。"《日下旧闻考》卷二十五载："琉璃河在涿州北三十里。"此系指河道，河道在琉璃河镇以北，琉璃店以南，从地理特征看窦店土城正符合这一记载。《太平寰宇记》卷六十九《河北道幽州良乡县下》载："在燕为中都，汉为良乡县，属涿郡。"古城多半沿用旧城，窦店古城的发掘证明记载正确：窦店古城初为燕中都城，后为汉良乡县。

汉博陆故城址

1958年秋，发掘平谷西柏店汉墓时，调查西柏店东北三四里北城子村有古城址，尚能瞥到清晰夯土城基遗迹。古城东濒错河，西靠北城子村，城址南北长240米、东西宽220米；在城址内外和北城子村周围，散布大量夹砂红陶片、灰绳纹陶片，城址南面断崖有烧土与灰坑，西边有陶窑遗址。

据《平谷县志》载："古城县在县西十二里，即城子村。"又《水经注·鲍丘水》记载："……沟水，又东南经平谷县故城与泃河会，水出北山，东西流经博陆故城，又屈经其城东泃水，又东南经平谷县故城西南，而东南流注于沟河。"错河即泃水，正是从平谷西北的大华山发源（《水经注》称北山）向东南流，经过现在的北城子村北，向南流下，到平谷县西南的前芮营村东注入沟河，可证，现在的北城子古城址，即博陆故城。

石景山老山汉墓

石景山老山汉墓位于北京市石景山区老山自行车教练场东南环路北侧，外观为近方形土山，1999年12月发现被盗。经国家文物局批准，北京市文物研究所对该墓进行了抢救性发掘。发掘工作从2000年2月开始，到11月底田野工作基本结束。

老山汉墓为长方形竖穴岩坑墓，由封土、墓道、墓坑和墓室四部分构成，方向为355度。封土呈覆斗形，南北约55米，东西约60米，顶部距南坡下现地表高度约11米。由于是依山势而建，封土的北坡与南坡有近8米的高差。封土为夯筑，夯筑的同时，在封土的四周填入了大量的碎石块，主要起加固和保护的作用。在封土东南部顶部有一盗洞，一直深入墓室，接近外回廊顶部。

墓坑平面为长方形，上口南北长24.5米至26米、东西宽22米至23.5米。墓道位于墓室南侧正中，残长约24米、宽8米至9米，用夯土和大石分层填实。墓道东壁发现一早期盗洞，由地面直通墓室大门，在盗洞中发现有用筒瓦构成的通风管道。

墓室位于墓坑底部偏西，西侧和南侧距坑壁约1米、东侧和北侧距坑壁2米至3米。平面亦呈长方形，南北长16米，东西宽13米。由外回廊、题凑、内回廊三大部分组成。在墓坑底部铺有一层厚0.5米的碎石和青膏泥，之上是一层厚约0.2米的木炭，木炭上面有8根贯通整个墓室南北用以承托铺地板的垫木，垫木之上为东西放置的铺地板，铺地板分为三段，接缝正好位于东西题凑墙下。墓室的盖板多使用原木，只是经过简单修整，有些原木还残留有树皮。同时也使用一些方木。在部分顶板上发现有席子和成束蒲草的痕迹。顶板绝大多数为东西横向排列，只是在北侧中部为南北向放置。

外回廊环绕在题凑墙四周，宽1.3米至1.4米。其外侧均为以榫卯形式与铺地板相接的立柱，高约2米。南壁中部有大门与墓道相通，大门宽约5米。紧贴大门外用较粗大的长方木，按南北纵向和东西横向交错垒叠成一道封门墙，并在封门正中下部发现了早期盗洞。封门墙南面是墓道。

题凑位于外回廊内侧，平面呈长方形，用长条方木层层垒起，形成一道木墙。所用方木规格甚多，一般长0.9米至1米。南墙正中有门与前室相通，门宽约5米，与外回廊大门相对，门外用长方形柏木按南北纵向码放，层层叠垒成墙，东西两端与题凑南墙相连接。题凑外周南北长13米、东西宽10米，内周南北长11米、东西宽8米，现存高度约2米。大部分题凑保存较好。除题凑大门两侧的南壁略向南倾斜之外，东、西、北三面大体保持了原来的位置和高度。题凑的四角，采用南北纵向和东西横向分层叠垒的方法。在题凑四壁的内面及四角分隔放置有立柱方木，这些立柱置于题凑墙内，形成了类似框架的木结构，增强了题凑整体的连接性和承载力度。

内回廊位于题凑内侧，东、西侧直接与题凑南墙相接，三面通长28米，宽约1米。由内回廊围起形成墓室的中心部位又分为前、后室两部分。南部为前室，南北3米，东西6米；北部为后室，南北7米，东西6米。

棺椁位于后室中间，与内回廊间距约0.9米，为三棺两椁。外椁长方形，东、西、北三面椁壁由粗大的方木构成，南面有门。内椁长方形，也由长方木组成，方木之间有木榫相连，南面有两扇保存完整的大门。内椁壁及大门均外髹黑漆，内髹红漆。三重棺均为长方形，内、中、外三棺套放。三重棺均内髹黑漆，在棺的内面又涂有朱砂，大部分朱砂脱落之后，露出了里面的黑漆。在中棺的底部保存有6条用于往下放棺时系棺的丝带。棺盖之上覆盖有1件比较完整的丝织品。由于墓室早期被盗，棺椁遭到严重破坏。

随葬品主要放置在前室和内外回廊。在前室中部放置1件长方形彩绘漆案，长2.38米，宽0.5米；西侧亦放置1件长方形漆案，长2.4米，宽1米，基本保存完整。在漆案的周围地板上发现较多的漆器残片，可辨器形有耳杯、方盘、圆盒、壶等。前室东南部有被火焚的痕迹。在后室棺椁的北侧，放置有几件大型的陶钫。内回廊西侧内放置有彩绘陶壶、罐等陶器；北侧发现有残漆箱。北部外回廊内发现有数量较多的陶器，有些陶器内盛放有粮食。此外，还发现有3件大型木器和数件木俑等。

老山汉墓虽然早期被盗，考古发掘仍然取得了相当大的收获。首先是保存极为完整的墓室木构建筑，与以前发现的同类型墓相比，有其一致性，也有相当的特殊性。如《汉书·霍光传》颜师古引苏林注有"以柏木黄心致累棺外，故曰黄肠。木头皆内向，故曰题凑"的说法，以前发现的题凑多用柏木垒砌而成，而老山汉墓的题凑却用了大量的杂木，如板栗木等。这究竟是因身份的差异，还是因时代、地域的不同，需要进一步研究。

老山汉墓还有一个比较特殊的地方就是它的随葬品。与其他同类型墓相比，老山汉墓出土了大量的漆器制品以及漆器构件如铺首等，这在北方地区汉墓中极为罕见。而且出土的漆器规格高、种类多、制作精美。漆器在出土时都光亮如新，如大型漆案、耳杯、盒、壶等，多为黑地红彩，间杂其他颜色。漆案上的动物、植物、几何等纹饰，不仅形象生动，而且画工细腻，线条十分流畅，为不可多得的漆器精品。

老山汉墓还出土了一些丝织品，尤其是中棺棺盖上的丝织品，是一件特别设计绣制的珍品，上面的单凤纹为汉绣中的新品种，绣品面积之大之完整也属北方之最。

老山汉墓出土了百余件陶器，种类有鼎、罐、壶、盒、盆、耳杯等，形制有的相当特殊。大多数陶器有彩绘，颜色多为红、白色，有少量黑色和其他颜色，色彩十分艳丽。

老山汉墓还发现了少量文字，如在内椁盖板、底板上发现有指示位置的"上""下""南"以及数字。在一些漆器，主要是漆耳环的底部发现写有"东宫"等字样。

老山汉墓的年代，根据出土的陶器等随葬品推断，应在西汉中期。在前室西侧漆案上有一具保存完整的骨骸，根据专家鉴定，为一年龄在30岁至32岁之间，身高160厘米至162厘米的女性，这应是墓主人的尸骨。据此推断墓主人为一代燕王的王后。

大葆台汉墓

大葆台汉墓位于北京市西南郊丰台区郭公庄西南隅，距城中心约15公里。1974年至1975年北京市文物管理处等单位发掘。1号汉墓在东，2号汉墓在西，两墓东西并列，相距26.5米。两墓封土连在一起，成一东西近100米、南北80米、高8米的高大土丘。从横断面观察，2号墓压在1号墓之上。

北京地区西汉时属燕国（广阳国），是燕王都蓟城所在地，大葆台1号、2号墓正处燕国（广阳国）境内，位于蓟城之西南部。据所出汉武帝至宣帝时的五铢钱；鼎、盆、壶、罐、瓮、钫、耳杯和魁（勺）等陶器组合；四乳四螭纹铜镜，漆器上"廿四年五月丙辰丞"的针刻纪年，以及墓葬制度上使用了包括前堂（前室）、后寝（后室）、梓宫、便房、"黄肠题凑"的"正藏"和"外藏"椁的汉帝王葬制来考察，东边1号墓的墓主可能是死于汉元帝初元四年（前45）的广阳顷王刘建；西边的2号墓，当为其妻广阳王后之墓。

两墓早期遭盗掘破坏严重。1号墓保存较好，有南北90米、东西50.7米、高8米的封土；墓圹底南北长23.2米、东西宽18米，墓底距墓口深4.7米。墓室平面呈"凸"字形，坐北朝南。圹内用木材筑成甬道、外回廊、黄肠题凑、前室、后室、内回廊诸部分；墓道在墓圹之南，残长34米。外回廊内置有豹、马、陶俑人和大量陶器等，前室放置漆床、六博和陶器以及一些禽兽的骨骸，后室有2椁3棺和玉器、玉衣残片，以及丝织品等。内回廊则主要放置陶器漆器。墓道内紧靠墓门处，作成木室状，内置彩绘朱轮车3辆，马13匹。墓中出土有陶器、铜器、铁器、玉器、漆器、丝织品等400余件，五铢钱百余枚。在内回廊与外回廊间以黄肠题凑隔开，即用长0.9米、宽厚约0.1米的柏木枋横向排列，堆垒隔墙。使用黄肠题凑是汉代皇帝和诸侯王墓葬的规格。2号墓的形制与1号墓相似，但遭破坏严重，仅出陶器、铜器、玉器等少量器物和百余斤五铢钱。

大葆台汉墓

有的专家学者认为，这种西汉诸侯王墓的形制，是沿袭了先秦穿土为圹，把墓分成"正藏"和"外藏"两大部分的旧制；其中象征"前堂"的前室和象征"后寝"的后室以及文献中称为"便房"的内回廊即为"正藏"，而外回廊和墓道内放置车马的木室即为"外藏椁"。两墓的墓室、棺椁结构是研究西汉诸侯王墓形制的重要资料。

两汉墓群

怀柔区汉墓群

1959年冬至1960年春，前首都博物馆筹备处考古队配合京密引水工程，在怀柔城北进行了考古钻探和发掘，共发掘西汉墓21座、东汉墓9座。西汉墓21座，其中4座是合葬，9座为单葬墓，8座墓为四组，即"同坟异穴"墓。在21座墓中，有长方形土坑竖穴墓和带墓道的刀把形墓两种形制。墓皆南北向，人骨架头向北。墓内有棺椁痕迹。长方形土坑竖穴墓19座，均为中小型墓。大者长3.8米，宽1.5米；小者长3.12米，宽0.9米；深在1.1米至4.4米之间。其中8座为四组，为同坟异穴墓，在两个并排的墓坑之间，有一堵生土隔墙，宽0.5米左右。两个墓的人骨架放在靠近隔墙一边，故可认为是同坟异穴的合葬墓。带墓道的刀把形墓2座，在长方形的墓坑南端左角，有一平面作梯形的竖井墓道。

21座墓出土陶器108件，铜、铁带钩8件，铜印章2方，五铢钱100余枚，骨管2件，水晶佩饰1件。21座墓出土陶器组合有1罐和2个高领罐者，或鼎、盒、壶或鼎、罐、壶组合，其陶器形制虽稍有差异，然而与其中8座墓出土有五铢钱的墓相比，差异不太明显。

这批墓葬年代上限应在武帝前后；下限与属于新莽前后的墓葬比较，有明显区别，故应属于西汉中期。此时陶器特点，鼎多活耳，鼎盖扁平；豆已向盒演变，其柄越来越矮；壶出现了盘口；胆形壶也是这时期盛行的器物；陶壶上多加一博山炉式盖。五铢钱亦在这类墓中大量出现。

东汉墓9座，均系砖室墓。墓室用长36厘米、宽16厘米、厚6厘米的绳纹或柳叶纹砖砌成。依其形制，可分为多室墓、双室墓、单室墓三种。随葬器物：陶器有楼、仓、水斗、灶、猪圈、狗、猪、人俑、耳杯、盘、奁、鼎、罐、壶、甑、碗、勺、盏、灯等。铜器有洗、熏炉、削刀、鎏金兽面铜饰、铜环饰。漆器有漆奁1件，顶盖镶嵌金柿蒂饰片，内有四个小盒，其形制与奁相同。铜钱共190枚，其中有东汉五铢、剪轮五铢及货泉、半两钱等。墓葬年代，分东汉中期和晚期两种。

东汉中期，墓葬已出现有前室、后室的砖券墓。陶器中有鼎，豆已不多见，陶壶已退到次要地位，代之而来的是圆头陶灶、仓或陶井等模型陶器。而长方形盝顶式盖的陶方盒亦是典型器物。东汉五铢钱也出现在这类墓葬中。

东汉晚期，盛行盝顶式砖券多室墓。随葬陶器种类繁杂，有杯、盘、案、奁等典型器物。陶楼等建筑模型及俑人、动物俑已很盛行。出土铜钱多为东汉剪轮、磨廓、綖环五铢及货泉等。圆头陶灶在关中地区是两汉墓中常见物，但在北京地区则出现在东汉中期；方头灶出现在洛阳西汉晚期的墓葬中，而在北京地区东汉晚期的墓葬中才出现。

昌平区半截塔村东周至汉墓群

位于北京市昌平镇东南30公里的半截塔村南约60平方米的台地上。台地南端存有金代所建的砖塔1座，上端已倒塌仅存半身，该村因此而得名。1960年，北京文物工作队在半截塔村调查时，共清理发掘出古墓23座，其中包括小型东周墓2座、西汉墓16座、东汉墓5座。

清理的两座小型东周墓，皆为长方形土坑竖穴墓，墓葬的尺寸分别为3米×1.6米×2米和3米×1.8米×2.5米。两墓形制相同，均有二层台，随葬陶器置其上；每座墓都有木质棺椁；同样是单人仰身直肢葬，头北足南。墓中的随葬品少而简单，不见陶礼器。一座墓出土有鱼骨盆类夹砂红陶绳纹鬲和泥质灰陶绳纹和弦纹大口尊，在骨架右侧出有1件蟠螭纹铜；另一座墓仅出土1件夹砂红陶鬲。其墓葬形制和随葬的夹砂红陶鬲，与怀柔城北出土的东周墓相同，因此其年代应定为春秋时期。

西汉墓16座，均为长方形土坑竖穴墓；分单人葬与双人葬两种，单人葬墓12座，双人葬墓4座。单人葬一般墓长2.6米至3.6米，宽为0.9米至2.9米，深度为2米至3.08米。墓葬皆呈南北向，可看出棺椁痕迹。人骨架保存完整，头北向，葬式为仰身直肢，部分下肢稍曲。随葬器置于头前，出土随葬品种类比较简单，有鼎、罐、盆、瓮、带钩、五铢钱等。双人葬墓，一般墓口距地表深2.5米至3米，长3米至4.4米，宽2.3米至2.6米。棺椁已经腐朽无存，两棺椁之间有一道生土隔梁，宽30厘米至50厘米。是一种双人的同坟异穴墓，先后埋葬。骨架保存完整，随葬品置于头部左右两侧，葬式与单人葬墓相同。

西汉的墓葬可分为两种：出高领灰陶罐者与北京的白浮、史家桥、怀柔城北等地西汉早期的土坑竖穴墓相似，墓葬的年代，应是西汉早期；出土的鼎、罐、壶和鼎、盆、壶的墓葬与怀柔、白浮西汉中期土坑竖穴墓和并葬墓相同，墓葬的年代当为西汉中期。

东汉墓5座，皆为长方形砖室墓，均南北向。用绳纹与篮纹砖砌成，砖长32厘米至34厘米、宽16厘米至17厘米、厚5厘米至5.5厘米。顶为双层拱券。墓壁砌法为两铺一立和一铺一立。铺地砖平铺错缝，封门砖分"人"字形与平铺错缝两种。墓长3.45米至3.74米，宽0.9米至1.7米。葬式为仰身直肢。随葬器物置于头前。出土器物有鼎、罐、壶、仓、奁、钵、盘、灶、耳杯、勺、盒、铜镜、五铢钱和王莽钱等。墓葬年代，应属东汉晚期。

该处墓地几十座墓葬的发掘清理，为北京地区不同时期墓葬的分期、陶器组合和断代提供了重要考古资料。

昌平区史家桥汉墓

1960年3月，在昌平区史家桥进行了考古钻探和发掘，共探出墓葬52座；发掘了其中的48座，多为汉代土坑墓，只有1

座为砖室墓。土坑竖穴墓24座，平面呈长方形。最大者长4.48米，宽2.9米；最小者长2.3米，宽1.26米，深2.5米至3.3米。刀把形墓2座，在墓室南端有斜坡墓道，墓道长3.5米、宽1.2米或长3.5米、宽1.45米。同坟异穴墓11组（即22座），平面近似正方形，墓坑底部并排挖成两个长方形小坑，小坑四边有二层台，中间有一道矮墙。小坑一般长3米至4.1米、宽1米至1.6米、深0.2米至0.4米，中间矮墙厚0.3米至0.4米，四边二层台宽0.2米。砖室墓1座，为长方形单室墓。

随葬器物一般均置人骨的头端。共出土陶器151件，漆器、铜器、铁器各1件。陶器有鼎、豆、壶、盆、盒、罐、瓮。陶质以泥质灰陶为主，少数为夹砂灰陶和泥质红陶。

将墓葬形制、陶器组合，与怀柔城北、昌平白浮等处汉墓相比较，这批墓葬的年代，分西汉早期、中期，新莽时代至东汉早期。

西汉早期墓17座，出土的陶罐、陶壶均为西汉早期形式，与怀柔城北战国墓出土的溜肩壶、永定河引水工程出土的战国高领罐比较，有一脉相承的后期形式。此类陶罐、陶壶的组合形式与昌平雪山村汉墓相同，雪山汉墓曾有西汉半两钱出土，故可证此17座墓的年代为西汉早期。

西汉中期墓6座，随葬陶器以鼎、盒、壶为组合，其中一座墓出土活耳鼎、钵式豆、底盖相同的盒，此类组合与怀柔城北西汉中期墓相同。

新莽至东汉早期墓19座，出土陶器以鼎、盒、豆、罐为组合，器形呈现退化、缩小，同时有两座墓出土新莽"大泉五十"铜钱，故墓葬年代定为新莽至东汉早期为宜。

砖室墓1座，只出土五铢钱1枚，葬式与白浮村新莽时墓相同。

昌平区白浮汉墓群

1959年至1960年，在白浮村发掘汉墓46座。其中西汉土坑竖穴墓36座，内单人墓有32座。墓室平面呈长方形，最大者长3.8米、宽1.92米，最小者长2.2米、宽0.9米。尚可辨认出棺椁的轮廓。葬式分仰面直肢和侧卧直肢葬，随葬品均置在头前或肩部左右两侧。墓葬时代，西汉早期墓5座，每墓均出土2件高领陶罐。

这类墓在北京地区发现较多，在怀柔城北、昌平史家桥、雪山等地，多数墓未出土铜钱，只有雪山的一座墓中出土1枚汉半两钱。从墓葬形制及棺椁情况看，很接近战国墓，而与出土鼎、豆、壶、盘、匜的陶器组合的战国墓又有区别，与出土五铢钱的汉墓也不相同，故应在两者之间，似为西汉早期墓。

西汉中期墓32座，大都为单葬墓，只有1座并葬墓。并葬墓陶器组合为鼎、盒、壶。其中单葬墓出土西汉五铢钱，与怀柔城北的西汉中期墓相似。新莽前后墓计有土坑竖穴墓3座，砖室墓10座，两种墓均有长方形墓道。出土陶器组合为鼎、罐、壶。鼎、罐很小，与怀柔东汉中期墓葬出土的同类器物区别很大。墓中所出铜钱，比较复杂，有西汉五铢、剪轮五铢、大泉五十和货泉，故这几座应为新莽前后之墓。

顺义区临河村东汉墓

位于顺义区城东南约6公里,平各庄乡临河村。该墓在村东北隅,东距潮白河约2.5公里,西距京承铁路约3公里,该墓于1975年4月发现。

墓室坐北朝南,系砖室券顶墓,由墓道、甬道、前室、后室和东西耳室组成。南北总长11.7米,东西宽11.1米,墓底距地表深2.3米。有斜坡式土墓道,后接砖筑甬道。墓门用长方形砖一铺一立封堵。前室平面长方形,东西各设一耳室。后室亦呈长方形。各室皆用席纹砖,两铺一立,砌筑,墓壁上残存涂抹白灰痕迹。墓底均铺墁"人"字形小砖。后室正中置一棺,棺内骨架一具,仰身直肢葬。随葬器物131件,有陶器、铜器、漆器等。其中陶器数量居多,计有绿釉陶楼2件,彩绘陶楼1件,灰陶楼1件,陶屋、猪圈、陶鸡、狗、井、灶、碓、俑等,及象征庭院的仓储、厕所;生活用品有陶罐、壶、井、井亭、陶案、长方盒、扁盒、背壶、奁、彩绘陶灯、绿釉陶釜、炉、镰、熨斗、陶磨、朱绘陶鼎、碗、三足炉等。铜器计有虎子、镜子、削刀、铜盆、熨斗等。漆器有奁、盒、耳杯等。该墓葬的时代属东汉晚期。

平谷区张岱村东汉墓

1983年4月,在平谷区门楼庄乡北张岱村东北发现一座东汉砖室墓。该墓地面有封土堆。墓门南向,券顶,墓室有回廊。

石刻墓门，仅存右扇。门高1.1米、宽0.53米、厚0.08米。墓门及门两侧立柱上刻有画像。右扇门刻朱雀、衔环铺首。门两侧立柱上各刻武士一人，持戟站立，形象威武生动。因墓早期被盗，随葬品仅残留6件陶器、数枚五铢钱。此墓规模较大，且刻有画像。北京地区东汉画像石墓不多见，因此该墓的发现，为研究北京地区东汉墓提供了新资料。

三台山汉墓

三台山位于大兴区与朝阳区交界处，凉水河从墓地西部流过，西北距朝阳区小红门镇1.5公里。三台山即是呈三角形的三个人工土冢，南边为大台子，北边为二台子，西边为三台子。墓葬发现于二台子之下。墓葬共2座（M1、M2），形制基本相同，均为由墓道、前室、主室、后室、东西耳室组成的多室砖室墓。墓早年被盗破坏严重。墓顶为四角攒尖与船篷状两种。M1墓道长3米、宽0.8米，M2墓道长5.15米、宽0.8米。墓道口用砖封堵。各墓室之间皆有甬道相通。墓室内铺灰绳纹砖，主室和双后室铺方形菱格花纹砖。

随葬器物有博山炉、陶灶、陶井、陶楼、陶猪圈、陶侍俑、陶狗、陶猪、陶鸡、陶鸭、陶磨、陶灯、陶壶、陶奁、陶盆、陶盘、陶耳杯等。铜器有铜镜、铜削及五铢钱，还有残漆盒、骨梳等。

三台山汉墓是东汉中晚期较流行的一种形制。随着东汉中晚期庄园经济的发展，在葬俗上发生了变化，家族墓兴起。为适应多代人合葬，墓室逐渐增多，成为多室、多耳室结构复杂的墓葬形制。

丰台区三台子东汉残墓画像石

三台子位于丰台区右安门外 3 公里。有三足鼎立式的三个土冢，分别称为大台子、二台子、三台子。三台子因历年取土烧砖，已无形迹。大台子尚存有较高的封土，夯层厚 15 厘米；夯层中夹有唐代瓷片及金代沟纹砖，当为后世扰乱封土所致。

两件画像石于 1957 年 9 月出土于三台子之下。画像石为墓门，其中一件已断为两截。门高 1.58 米、宽 0.57 米。画像石的正面均分做三部分，中间两格为铺首。左侧门的最上格刻一人，左肩负钺，右手持盾，两腿作前弓后曲之势，为侧像。下格刻三首鸟，无足，奋展四翼。右侧门最上格刻朱雀，两翼舒展，下格刻玄武。画像四周刻三角纹。画像石反面刻二人立像，皆为人首兽足，蛇尾；左侧着冠，双手捧简，右侧为山形发髻，双手扶耜。据画像形象，正面为二十八宿四象之神，反面为禹遇伏羲的神话故事。

汉代水利设施遗址

石景山区（魏）戾陵堰、车箱渠、高梁河

西㶟水（今永定河）自今三家店出山南流，称清泉河，经梁山（今石景山）。

曹魏嘉平二年（250），驻蓟城的镇北将军刘靖，组织军士千人在梁山修堰，因附近有燕王刘旦之戾陵，故称戾陵堰。体以荆条编笼装卵石垒砌，底宽7米、高2.4米、长100米，在堰北㶟水东岸置水门，分㶟水从车箱渠（为长方形石砌引水渠）东入高梁河，起灌田和分洪的作用，可灌田2000顷。

曹魏景元三年（262），樊晨以军士2000、民工40 000重修戾陵堰和车箱渠，引㶟水入高梁河接温榆河，东至潞河（今潮白河），水贯东西，流经四五百里，可灌田万余顷。

晋元康五年（295）山洪暴发，冲毁戾陵堰四分之三，宁朔将军刘弘（刘靖之子）复修，北魏、北齐、唐代都有修复的记载，唐末至五代因长期失修而毁弃。

1991年10月，北京海淀区双榆树基建施工中发现一条古代水道遗址。水道为南北走向，横断面呈斗形，底宽近14米，深

约3米，底部距今地表约4.7米，两岸坡整齐，坡度约为30度，轮廓清晰，已出土约100余米。遗址南北笔直，其内流沙与淤泥、草炭层层相叠压，沉积层厚达2米以上。其中可分辨出沙层共有5层，最厚的一层流沙厚达0.83米，沙层宽度在8米以上，下层较上层为宽，流沙层间与厚度不等的淤泥层相隔，沙层两侧是草炭及淤泥。在河相沉积层上面的为褐色淤土，整个水道被1米多厚的灰褐色扰土层所覆盖，沙层的交错层里表明，水流是由南向北流动，从轮廓特征及沉积层看，应是一条人工修筑的水渠。

与此类似的遗址在其南北延伸线上都有发现，20世纪80年代北京大学中关园宿舍楼工地、1991年北京大学物理楼地下管道施工、1991年北大附中门前海淀菜蔬公司工地都能连贯起来，呈一条由南至北纵贯海淀台地的古渠道。南端起于紫竹院旁的高梁河畔，北端在成府村至清华大学一带汇入万泉河，南段与白石桥路大致重叠，北段与海淀路大致平行。

高梁河是北京的一条古老河道，双榆树恰好在紫竹院附近与高梁河相接。双榆树古渠沿白石桥路向南，可在紫竹院附近与永定河至紫竹院的车箱渠故道相衔接。

1975年，在紫竹院公园管理处东侧距地表5.5米深的黄沙层中出土1件铁口木锸，其年代在东汉末到北朝时期；同时出土有从西南向东北横向的大圆木（直径约40厘米）及木构件，应是桥梁残件，此正好在白石桥附近与双榆树古渠向南的延伸线相交，向西南延伸，恰与车箱渠故道相会。故这处水渠遗址从时代、特征和地理位置来看，应是车箱渠水利工程的一部分。

双榆树古渠遗址的发现，向我们展示了 1000 多年前幽州水利工程的壮举，并且为我们提供了车箱渠与高梁河水系研究中的一些依据，对北京水利史研究具有重要意义。

张堪庙

张堪庙位于顺义区北小营乡前鲁村的一座菩萨庙内。用庙内的三间西配殿作为张堪庙，当地俗称张相公庙。

张堪是东汉初年的渔阳郡太守，字君游，河南南阳人。渔阳郡是当时北方的边郡。张堪来到渔阳后，首先击败了入侵的匈奴，威镇边郡，以致匈奴闻其名不敢犯塞，使边境得到安定。他执法严明，"捕击奸猾，赏罚必信"，因此深得民心。他最大的功绩，还在于发展了当地的农业生产，"于狐奴山下开稻田八千顷，劝民耕种，以致殷富"。

他引进了高产作物，推广农作物新品种，传授新的耕作技

东汉张堪水稻种植图

术,改变原来的粗放耕作习惯,从而使这里的农业生产水平获得迅速提高。狐奴山下变成了鱼米之乡,人民丰衣足食,遗惠后世。

后人为了纪念他,在庙内墙壁上绘上张太守率领军民开水田、种水稻的壁画。过去每年庙会上,人们专为张相公举办民间文艺花会。

汉幽州书佐秦君石阙

1964年6月,在北京石景山区八宝山迤西上庄村东,发现汉幽州书佐秦君石阙及墓表的石构件17件。石构件中有:石屋顶1件(3号),顶的平面用直线雕成4个垂脊;石长方柱3件(2号、8号、11号)。

一方柱高2.07米,正面刻一武士手持兵器,上端刻一飞翔状朱雀,左边及顶部刻有锯齿纹框,后面除右边及顶部亦刻锯齿纹框外,无其他装饰,左侧面刻一龙。另一方柱高1.88米,左侧面刻"乌还哺母"铭文,正面刻"永元十七年四月卯令改元兴元年囗十月鲁工石巨宜造"。

另一方柱残高0.92米。方柱础1件(13号),柱础形如覆斗,四周分别刻有三角纹和棱纹,中间开长形石方槽。石阙顶7件(4号、9号、12号、14号、15号、16号、17号),其中1件阙顶为三坡式,其他6件阙顶形制大体相同,作四阿式。

据推测，石阙由子阙和主阙组成，9号阙顶屋檐只有三面，一面削齐，此顶当是专用于子阙上的；阙长方立柱可能由几块长方柱拼合而成，如2号方立柱，其锯齿纹花边在相反方向与它对称分布，就拼合成一完整的阙柱。以"乌还哺母"为铭文的8号长方石柱，正面和左侧刻有文字，背面及右侧面是素面，这类的长方石柱可能由两块或四块拼合而成。7个阙顶中仅1个是子阙顶，其他都是主阙顶，据上下槽关系，主阙顶是重檐。

关于"乌还哺母"铭文，邵茗撰有"释文"，郭沫若撰写"补充考释"，陈直又有"补充意见"，各有精辟论断。但值得注意的是秦君本是"书佐"，乃州郡小吏，论理不应有"神道"之类的排场，很可能是秦君之子官居显位，故准父以子贵之例，而破格厚葬。阙文六："匪爱力财，迫于制度"，但亦不敢过分违制。"制度"二字抬头顶格，这是秦汉以来的格式。所谓"制"者乃皇帝诏令，所谓"制度"者乃朝廷法度。故在封建时代，特别表示尊崇。"秦仙爰敢宣情，征之斯石。""秦仙"当即秦君之子，此人当官居显职，故敢为其父树此神道，而且公然以孔子自比。"乌还哺母"者，"还哺"即返哺。"永元十七年"是后汉和帝即位的第十七年（105）。据《后汉书·和帝纪》："（元兴元年）夏四月庚午，大赦天下，改元元兴。""鲁工石巨宜造"者乃勒工匠名之意，而纪年并书改元之月，亦属创例。秦君神阙是北京早期的重要古刻石之一。

魏晋及北朝时期

在这一时期,每一政权存在的时间都非常短暂,朝代更替频繁,社会动荡不安,是我国的第二次大分裂时期。据考古发掘统计,魏晋北朝时期的遗迹近20处,虽然数量甚少,但填补了这一时期北京历史的空白,对进一步研究北京地区魏晋北朝时期的政治、经济、文化以及社会状况提供了考古材料。

晋代蓟城何处寻

"蓟丘"城墙遗址

1974年3月,配合基建工程,在北京城西南隅白云观迤西"蓟丘"进行了考古发掘。遗址西侧揭露出一段土筑城墙残址,残址正好是城墙转角所在,即北墙与西墙相交处——城的西北城角。在残墙转角处北墙正中,夯土之下压着一座砖室墓,出土有陶壶、奁、楼等陶器。从墓结构和出土陶器组合判定,这是一座东汉中晚期墓葬。同时,在北墙北侧,还有两座东汉砖室墓被压在残墙夯土之下,一座完整、一座残破,后者仅剩墓底残砖。根据城墙与墓葬的叠压关系推断,筑城的上限年代不早于东汉。

1965年,在西郊八宝山迤西约500米处,曾掘晋幽州刺史王浚夫人华芳墓,该墓年代为西晋永嘉元年(307),华芳墓志云:"假葬于燕国蓟城西二十里。"墓中还出土骨尺1件,长24.2厘米。以该尺长度折算晋里,则晋一里合今长435.6米,二十里则为8712米。从华芳墓地向东8712米的地方,即今会城门村附近,这说明西晋时期蓟城的西垣应在今会城门村稍东一带地方,这与"蓟丘"处发现的城墙残址西墙距华芳墓地的方位里程大体相符,因此可以推定,"蓟丘"城墙遗址,应是晋代蓟城的西北城转角残迹。

西晋王浚妻华芳墓

1965年,在北京石景山区八宝山南道骨灰堂北,发现西晋王浚妻华芳墓。该墓系用一面印有绳纹或条纹的青砖砌成。砖长30厘米、宽16厘米、厚5.2厘米。墓室平面呈长方形,南北长5.6米、东西宽2.7米。由墓道和墓室两部分组成,墓道中设二重石门和四堵封门砖墙。墓顶近似盝顶式券顶。墓道在墓室南端偏左,砌成拱券形,总长5.7米、宽1.2米。该墓早期被盗,第一道石门的右扇被砸断,第一堵封门墙之上部被拆毁,墓室顶部北边发现一盗洞。墓室内填满夹有碎石的淤土。黑漆棺被推倒,人骨架被拉出棺外。棺长2.6米。

由于墓室被盗,出土物不多,计有象牙尺一件,长24.2厘米,是今天所见的一件标准晋尺。还有漆盘、铜熏炉、铜炉盖、铜弩机、银铃各1件。银铃小巧玲珑,制作非常精细,是研究晋代音乐史的一件难得的资料。球体上部为八个乐人,作击鼓、吹笛、捧箫、吹喇叭状;下部系有八个小铃,上面嵌有红、蓝宝石(大部脱落)。银铃的钮座为蹲伏的虎形。此外,还有陶罐2件,器形较矮,小口、宽肩、平底。其中一件肩部饰"人"字形网带纹。铜钱200余枚,大都为东汉五铢,少量为剪轮五铢、环钱。

据墓志记载,华芳字敬华,是曹魏太尉华歆曾孙女,晋使持节侍中、都督幽州诸军事、领护乌丸校尉、幽州刺史、骠骑大将军王浚的第三个妻子,于永嘉元年(307)春二月辛巳朔廿九日己酉薨于府舍,享年三十七。华歆《三国志·魏书》有传,王浚《晋书》有传。墓志记载,华芳墓"假葬于燕国蓟城西二十里",据此可以证实晋蓟城的位置。

东魏屯军古城城址题记

1980年文物普查发现,北京门头沟区色树坟、故公庄乡河北村有土城遗址;地边大石有东魏孝静帝元善见武定三年(545)筑城刻石题记:"大魏武定三年十月十五日平远将军海安太守筑城都使元勒又用夫一千五百夫十人乡豪都督三十一人十日讫功。"应为屯军城址遗迹。

屯军可上溯至汉代,河北村迤东,东石古岩村,汉代遗址文化堆积丰富,有大量汉代陶片,1986年出土铜箭镞、铁质长剑可证。色树坟在东魏时,为北部边境,为抵御异族入侵,以此设城。《北齐书·神武帝纪》:"武定二年十月丁卯,神武上言,幽、安、定三州北接奚、蠕蠕,请于险要修立城戍以防之。"此刻石与史书相符。

风格迥异的各民族墓葬

海淀区八里庄魏墓

1987年夏,在海淀区玉渊潭乡八里庄东北,距地表6米处发现一座古墓。墓早年被盗,顶部坍塌。该墓是一座南北向双室砖墓,墓顶呈覆斗形。斜坡墓道长3.5米、宽0.8米,接近墓门处宽1.3米,墓门砌砖封堵。墓室前有甬道,长1.35米、宽0.8米。前室为长方形,长2.5米、宽2米,残高2.5米。前后室以长0.6米甬道相连,后室形制与前室同,长3.2米、宽2.5米。墓室及甬道均用长方砖铺地。未发现葬具,骨架散乱,难以辨别葬式。随葬品移位。釉陶器较多,黄釉红胎器有罐、盘、奁、仓、灶、井、猪圈、臼、果盒、虎子、鸡、灯、双耳杯、陶舞俑及五铢钱40余枚。还有铜弩机1件,上刻"正始五年"(244)纪年铭文。"正始"为三国时魏齐王曹芳年号。北京地区有明确纪年的曹魏文物发现尚属首次。

平谷区汉晋墓群

1958年至1959年，前后在平谷区西柏店、唐庄子两地共发掘15座砖室墓，其中大部分墓已被盗，只有4座墓保存尚好（编号1、101、103、106）。可分为大中小三类，即1号与103号是两座大型的砖室墓，形制基本相同，由墓道、前室、主室和侧室组成。中型砖室墓12座，只有101号较完整，由墓道、前室、后室组成。其他墓坑平面多呈长方形或刀把形。106号墓为小型砖室墓。1号与103号两座墓的前室一端设有放置器物的砖台，主室有砖砌的棺床。1号墓道为砖券，长约9米，靠前室的尽头，砌有封门墙。其他各墓多是长方形斜坡式墓道。

出土器物计有陶器146件，铜钱636枚、小件金属饰物7件。其中绿釉陶器19件，有陶碓、磨、厨俑、灶、厕所、釜与炉、三足锾、九支灯、博山炉、虎子、陶井、陶洗以及陶狗、陶鸡等。灰陶器共有136件，其中有朱绘陶器48件，多属生活用具，为鼎、奁、扁壶、案、唾壶、盘、龙柄勺、耳杯等。灰陶器有瓮、罐、壶、仓、井、猪圈、碗、陶鸟架、陶砻等。红陶器出土很少，1号墓出土1只伏狗、2只伏猪，103号墓出土1件素面圆盘。金属器物出土甚少，仅103号墓出土银环、铁圈各1件，铅饰物2件，鎏金铜粉盒3个。出土钱币中有五铢钱546枚，剪轮五铢49枚，汉半两钱3枚，货泉10枚。

从这些墓葬形制和随葬品来看，都是一般东汉墓常见的。1号与103号墓出土的汉半两钱3枚和大量汉五铢钱外，并有货泉

10枚。五铢钱内有不少剪轮五铢。出土陶器以绿釉和朱绘陶器模型为主要特征，如朱绘陶鼎、扁壶、圆奁、龙柄勺、绿釉三足炉、九支灯、狗、井、厨俑、灰陶瓮等，与河北望都二号墓出土器物相似。故这两座墓年代，最早不晚于东汉灵帝，最迟可至西晋。唐庄子101号墓出土的伎乐俑、猪圈、猪、狗、盘等与103号墓出土器物完全一致，而其灰陶盘口平底长颈壶的年代略晚，故该墓年代亦晚于103号墓。106号墓的年代，因出土的盘口圆底壶与陶罐的形制及网带纹与晋瓷风格近似，故其年代仍属北朝。

顺义区大营村西晋墓

1981年4月，在北京顺义区北约2.5公里的大营村，发现了8个西晋时期的家族墓群。墓室分前后两列排序，分单室墓、双室墓、三室墓三种形制的砖室墓。单室墓仅1号墓室。平面呈刀把形，墓道斜坡式，墓室内木棺及骨架散乱。出土遗物有铜盆、镜、熨斗、铁斧等。列第二排墓室7座，其中5座（M1、M2、M4、M6、M8）为双室墓。2号墓保存较好，全长11米，前室放置随葬品，后室置木棺两具，男性骨架保存较好，仰身直肢葬。出土铜镜、铁镜、铜带钩、铜钱等。女性骨架零乱，似二次葬。出土金发钗、手镯等。双室墓的随葬品大多置于前室，有陶罐、碗、盘、钵、灯、灶等明器，其中8号墓出土"泰始七年夏四月作砖"铭文砖。三室墓两座（M3、M5）由前室、中室和后室三部分组成。前室置随葬品，中、后室各置木棺一具。因被盗扰，随葬品出土位置不详。

综上所述，8座墓葬中，只有8号墓出土有"泰始七年（271）纪年砖"。泰始是晋武帝的年号，故8号墓为西晋初期墓葬。该墓出土的铜镜、双系陶罐、陶磨、银发钗、手镯等物，其风格与墓群中其他墓的同类遗物相同。由此可见，此8座西晋早期砖室墓从形制、结构和随葬遗物等方面看，多数还保留着汉末魏晋时期的砖墓传统，即具有前后两室。

海淀区景王坟西晋墓

1962年10月，在北京海淀区景王坟西北500米处发现两座西晋砖室墓。两座墓的形制基本相同，方向270度，平面呈刀把形，由墓门、甬道、墓室组成，墓门前有墓道。1号墓保存较好，全长4.68米，墓室长3.48米、宽1.86米、高2.45米，券顶。2号墓全长4.38米。葬具均置墓室后部。1号墓为单人葬，2号墓为双人合葬。随葬品共计24件，主要是陶制明器。泥质红陶多涂釉，釉地厚薄不匀，有冰裂纹。器形有牛车2件，牛俑2件，车夫俑2件。车夫上身着短衣，下身穿长裤，右手执鞭作驱车状，是成套的两组。另外有马俑1件、鸡2件、灶2件，灶面上各有勺、铲等炊具，中置釜1件。1号墓内还有陶甑1件、果盒1件、盘1件、奁1件、勺1件、壶2件、罐1件、盆1件、井1件、铜镜铜铃各1件。钱币有战国"明"刀，东汉"五铢"和"直百五铢"等。"直百五铢"的上限年代不会早于三国，从墓葬形制及出土器物的类型和组合来看,应为西晋墓葬。

房山区小十三里村西晋墓

1990年9月,房山区小十三里村砖厂取土,发现砖室墓一座。墓葬东西向,砖砌单室,墓室四壁用绳纹砖两铺一立砌筑,四角略有弧度,墓顶为四面攒尖顶,墓室长3.6米、宽2.4米,墓室地面横向铺砖一层。墓道在墓室东部北侧,长2.4米、宽1.10米,墓道券顶,在中部设有一道石门,将墓道分为前后两部。墓道前端有一道封门砖,呈"人"字形码砌。棺具已朽,为夫妻合葬墓;骨架下有一层五铢钱,随葬器物放于墓室东部。铜器有:铜镜、铜簪、铜削、铜印、弩机模型;银器有:银簪;釉陶器:食盒、耳杯、盘、樽等;陶器:武士俑、夹砂陶钵、陶缸、陶灯座(灯座上置一铁灯盏)。此墓为西晋时期墓葬断代增加了新的依据。

石景山区老山西晋婴儿墓

该墓于1983年12月首钢民建公司施工队在石景山区老山工地施工中发现,墓葬位于八角村以东2公里、靠公路北侧15米处的老山南坡下面。砖砌单室墓,墓门朝南,墓顶距地表深2米,墓室平面呈长方形,南北长2.5米、东西宽2米、盝顶高2.3米。室内棺木已朽,未见人骨。随葬陶器有盘、壶、陶钵、双系罐等。在墓室南侧发现三块石质的墓志。根据墓志记载,可知该墓是永嘉元年（307）四月二十日迁葬至此的三人合葬墓，墓主人是3个不满周岁的婴儿。

延庆颖泽洲墓葬

2000年延庆县颖泽洲住宅工程考古工作，发掘战国、汉、魏、晋、隋、唐、辽墓葬72座。其中砖室墓25座，土坑墓27座；共出土陶器、三彩炉、铜器、铁器等重要文物100余件。值得一提的是，这批墓葬，特别是魏晋时期的墓葬，明显带有北方草原文化的色彩；同时大量汉至唐墓葬的集中出土，为确定汉代居庸县治和唐代妫川县治及防御军城的具体位置提供了实物依据。此外，出土的3件唐三彩炉不仅釉色和造型十分别致，而且器物的三足均有意去掉，反映了一种特殊的丧葬习俗。

北齐傅隆显墓

1963年3月，在北京怀柔区北房乡韦里村发现一座有墓志纪年的北齐墓，但因墓室被村民取土时破坏，故其形制不详。该墓出土傅隆显墓志一盒，系用艾叶青石制成。志长52厘米、宽22厘米、厚14厘米。志盖上呈盝顶式，顶长22厘米、宽12厘米，无刻字，下面长52厘米、宽22厘米、厚5厘米。志文"大齐武平二年岁次辛卯十一月乙巳朔十六日庚申渔阳郡功曹二代郡正解褐平北将军幽州治中土垠雍奴路渔阳四县令傅隆显铭"。同时出土有陶俑多件，均已碎断，系女俑，梳高髻，长服有彩绘。据墓志文可知该墓是北齐武平二年（571）傅隆显之墓，北京地区发现有纪年的北齐墓葬尚属首次。

西城区王府仓北齐墓

1973年6月，西城区王府仓北京市第三十八中学基建施工中，清理北齐砖室墓一座。墓室坐北向南，距地表6.02米，平面呈半圆形，东西长3米、南北宽2.7米、残壁高1.18米。墓顶应为穹隆状，有楔砖出土，墓砖长28厘米、宽14厘米、厚0.7厘米，为细绳纹灰砖。墓壁用两卧一立排列砌筑，墓底用一层条砖铺地，墓壁、墓底砖均用白灰灌浆，墓门在南壁稍偏东。墓室墓道间有长0.56米、宽1.16米的甬道相连。甬道为拱券顶，自底砌至87厘米处收砌为券顶，甬道残高1.42米，甬道底用黄土夯实。墓道未清理，结构不详。墓门用条砖两卧一立垒起，封门砖上部已无存，残高63厘米。墓西北壁被另墓打破，墓周壁抹一层白灰，整洁光平，清理时发现其白灰碎片厚约1厘米，有红、绿、黑等色残线条，原应有壁画，已全部剥落。墓室西侧有人骨架一具，女性，骨架周围有铁棺钉，但棺木已朽。出土陶罐、陶壶、陶碗、铜发钗、常平五铢、铜戒指、铁斧等。北齐自公元550年高洋建国至577年亡于北周，前后仅28年。北京地区北齐墓发现不多，该墓为了解北京一带北齐的物质文化提供了实物资料。

隋唐时期

北京在隋唐时期作为北方重镇，其历史地位是十分重要。中华人民共和国成立后，在北京地区的考古发掘工作中，尽管发掘的隋唐墓葬为数不多，但是具有浓厚的地方特色。通过对北京地区隋唐时期墓葬形制和随葬器物的研究，可以使我们更加深入地了解该地区在这一时期的社会状况，为进一步研究隋唐时期的历史提供重要资料。

唐幽州城

唐幽州城址在今北京城西南。城南北九里，东西七里，呈长方形。城内工商业繁荣，有白米行、大绢行、生铁行、染行、果子行等行业近30种，城内还有天长观、悯忠寺（今法源寺）等庙宇。

唐幽州城东城墙在今西城区烂漫胡同稍西，西城墙在今会城门村稍东，南城墙在白纸坊东西街一线，北城墙在白云观北至西单附近受水河胡同一线。唐代城市基层行政区划分为坊或里，郊区为乡与村。

据史料记载，唐代幽州城内共有26个坊（里），结合近40年来的考古资料考察，有确切名称者共有19个坊（里）；另外在辽代墓葬中也出土有关辽南京（辽南京因唐幽州城未变）坊里之名称者，共有6个。又据《范阳丰山韦庆禅院实录碑》所记："又东北走驿路，抵良乡，如京师，入南肃慎里东之高氏所营讲宇，则下院也。"肃慎里又有南北二里之分，如此则坊里之数正与史籍记载的26个相合。

唐代合葬墓

纪公、张氏合葬墓

1989年3月2日，解放军某部在海淀区太平路施工中发现唐大中元年（847）壁画墓。墓为单室，穹隆顶，平面略呈圆形，墓门南向。墓早期被盗，墓顶大部已毁，未见随葬品。墓西北部为棺床，墓室壁上有砖雕门窗、柱子、斗栱等，均涂朱彩，墓壁残存壁画；画用墨线勾勒出方几案，上陈饮食器皿。出土墓志1盒，正中篆"纪公墓志"和十二生肖人形像，志文为"游击将军守左金吾卫大将军试鸿胪卿"，曾"出总偏兵汗马行边"。夫人张氏随夫戍边，于大中元年死于潞邑，葬于蓟城西幽都县幽都乡石槽之原。

丰台区右安门外唐王郅夫妇合葬墓

1965年4月，丰台区右安门外草桥东南四顷三村，发现唐贞元六年（790）四月王郅夫妇合葬墓。该墓被盗，保存极不完整，为单室砖墓，坐北朝南，东西长2.58米，南北宽2.28米。

东西北三壁微弧，墓室和甬道残留墓壁高约 1.3 米，墓壁用长 32 厘米、宽 16.4 厘米、厚 5 厘米的单面绳纹灰砖（少数为素面）垒砌，砌法为两卧一立。甬道在南面稍偏东，长 1.1 米、宽 1.2 米，顶作拱券形，墓室北部和西部砌棺床，高 30 厘米；前脸用砖围砌，淤土底部发现带有红、黑诸色小块白灰片。墓原有壁画已剥落，有两个头骨和零乱肢骨。淤土中有少量罐、盘陶片，墓志 2 盒，盖均作覆斗状，中阴刻"王公墓志铭"篆书 5 字，四坡刻兽首人身十二辰。志石："大唐故瀛州司马兼侍御使太原王公墓志铭并序""起坟于蓟县姚村南一里之原"。另一志铭为"唐故瀛州司马陉邑安平范阳三县令函州节度使押衙兼待御太原王公夫人博陵崔氏合祔墓志铭并序"。该墓为研究当时蓟县的地理位置提供了新资料。

唐代名人墓

唐薛府君墓

1952 年，在北京宣武区姚家井发现了唐信州刺史薛氏之墓。墓早期被盗毁，墓残长 17.1 米，南北向。由墓道、甬道、前室、后室等部分组成。前室南北长 3.2 米，东西宽 3.7 米。前设砖筑甬道与墓道相通。甬道长 2.05 米，宽 1.45 米。甬道与前室间砌有一道封门砖墙。后室南北长 5 米，东西宽 6.25 米。由砖筑甬道与前室相通。甬道长 3.25 米，宽 1.45 米，位于前后两室之间偏东一侧，在接近前室处用砖摆成一道封门墙。薛氏墓志盖即放在砖上。墓道在前室甬道南部，残长 3.6 米，墓道东西两侧各设有一耳室，耳室为半圆形，东西长 0.91 米，南北宽 1.1 米。墓壁原绘有壁画，已残破不清。在墓道后部有人骨一具；甬道封门砖前亦有人骨架一具。

墓室随葬品大部被盗，出土汉白玉雕刻之墓志盖一块，高、宽各 80 厘米、厚 9.5 厘米。正中刻十六篆字，四行，为"大唐故信州刺史河东薛府君墓志之铭"，四周和四侧，衬以粗细交映的宝相花纹；中间分刻十二辰神（畜）像，雕刻生动细致。另外还出土有汉白玉立体石雕人身十二辰像中的虎、蛇、羊、鸡、猪，兽首人身，雕刻十分精美，这在唐代墓葬中是罕见的。从志盖花纹、字体风格判断，应为武则天时代的墓葬。

唐史思明墓

发现于 1966 年春，1981 年春进行发掘。墓葬在丰台区王佐乡林家坟村西 100 米处。墓早经破坏。墓室由汉白玉砌成。墓道为斜坡式，长 20.6 米，宽 3 米。墓道相对约 100 米处有双阙。墓道末端有相对的 4 个壁龛，并有壁画残片，墓室为方形带双耳室。东西长 5.54 米，南北宽 5.05 米。耳室仅西侧保存有痕迹，长 3.1

米、宽 2 米、残高 2.4 米。

史思明墓出土器物有鎏金铜牛、鎏金铁马镫、玉册、鎏金铜坐龙、铜铺首、象牙化石（龙骨）之带饰等数十件珍贵文物。其中通高 16.5 厘米的坐龙尤为少见。40 多枚玉册包括了谥、哀 2 套，均有残缺。玉册由汉白玉磨制而成，长 28.4 厘米至 28.6 厘米、宽 2.8 厘米至 3.2 厘米、厚 1.2 厘米至 2.1 厘米。两端 1.5 厘米处有直径 0.3 厘米的小孔，以便玉册连缀。玉册每枚满刻字为 11 个，字口填金。字迹端庄秀丽，共计 252 字。玉册文中有"血未干唐有异端逸人罔极"，"帝朝义孝乃因心亲惟□□"等，知此墓是史朝义为其父史思明所建。史思明墓在唐代即已拆毁，后于 1966 年又遭破坏。

唐仵钦墓

1929 年 10 月，西单大木仓（清郑王府）中国大学（今中国教育部所在）修操场，发现唐墓，出土仵钦墓志。文物保管委员会北平分会主任马衡偕傅振伦前往调查，10 月 26 日，北大考古学会应中国大学之请，由傅振伦、原田淑人及其学生水野清一进行发掘，至 11 月 3 日完工。

仵钦墓志全称"唐故朝散大夫仪同三司上柱国右戍卫开福府振帅仵君墓志"；志中有言"粤以咸亨元年（670）太岁庚午十一月朔三日壬寅，迁柩于城（指幽州）东北五里之平原也"。此墓志为唐早期墓志，对研究幽州城的地理有重要意义。

贾岛墓

贾岛墓在房山城南7.5公里石楼乡二站村。墓侧有清建贾公祠遗址，现有二清碑，一为贾岛记地碑，康熙三十九年（1700）立，一为重建贾公祠碑，嘉庆二十三年（1818）立。二站贾岛墓年代失考，明正德十一年（1516）监察御史卢其按至房山寻贾岛墓，读断碑有据，崇茔植碑。大学士李东阳别书一碑立于墓址。入清，墓地被旗人圈占，墓复荒没，康熙三十五年（1696），房山知县罗在公重修贾岛墓，并于墓址南侧创建贾公祠，嘉庆二十一年（1816）秋又经重修，20世纪50年代祠尚完好。

祠坐北朝南，祠门嵌石横额"贾公祠"。进门为一间韦驮殿，一进为三间三教殿祀释迦、老子、孔子泥塑，悬匾"殊途同归"；再进为三间正殿祭堂，内祀贾岛塑像，悬木匾"推敲佳话"，楹联"万古文章配东野，一生知己属昌黎"，东西禅房各三间，祠后是墓冢和碑亭。1956年贾公祠被拆，1963年贾岛墓也遭损坏，现已将搜集到的两块遗碑，立于贾岛墓处。

贾岛（779—834）字阆仙，一作浪仙，唐范阳（今河北涿县）人。初为僧，名无本，后返俗，举进士，久不第。文宗时坐诽谤，谪长江主簿，后任普州司户参军，会昌三年（843）卒于任所。夫人刘氏，承其遗志，择安岳县扶风乡南岗葬之。有《长江集》。故房山二站贾岛墓当为衣冠冢。

唐道士王徽墓

1973年11月，海淀区清河镇朱房村，平整土地发现唐天宝十三年（754）道士王徽墓。为砖室墓，方向356度，墓室东西长4米，南北宽3.84米。墓壁甬道均用长34厘米、宽17厘米、厚6厘米的单面绳纹灰砖，两卧一立、层层垒砌，除北壁为直壁外，东西两壁均为50度弧形，墓门在南壁，甬道长0.96米、宽1.64米。棺床在墓室北，长4米，宽2.8米，高0.42米，床面未铺砖，以黄土铺垫后抹白灰。棺床前两侧，各砌一小平台，北接棺床，东西各依墓壁，比棺床低12厘米，台面亦抹白灰。

该墓已被盗，仅出土黑陶碗1件、彩绘带盖罐4件、双唇陶盘1件，墓志1盒。墓志长宽均为42厘米，通高13厘米，盖为覆斗形，正中阴刻"王君墓志"，四面斜坡阴刻十二辰像；志文刻方格，阴刻楷书"大唐天宝十三载故开元观道士王公墓志铭并序"。

紫禁城西墙内唐墓

1995年6月至7月，故宫博物院库房工地，在明代所建宫墙内，发现唐代砖石墓1座，南北长4.32米，东西长4.4米，有崔公墓志1盒，墓志铭书"唐贞元十五年（799）岁在己卯三月廿九日癸酉即新茔而□焉"，葬于"幽州蓟县东北五里燕夏乡之原"。

辽南京时期

辽代的北京地区被列为陪都，称燕京或南京。辽代是北京地区佛教文化发展的一个高峰期，从考古来看，塔基地宫是最为重要的遗址，顺义的净光舍利塔、密云的冶仙塔、房山北郑村辽塔等塔基地宫最具代表性。北京发现的辽墓近700座，以砖室圆形墓为主，土坑墓和砖圹墓较少。

辽南京（燕京）城

在今北京西南。城方约12公里，南北长约3公里，东西宽约2.2公里，呈矩形，因袭幽州城制。城内计有26坊，其中有因袭唐幽州旧名者，如罽宾、肃慎、棠阴、显忠、卢龙等坊。城有八门，东为安东、迎春，西为显西、清晋，南为开阳、丹凤，北为通天、拱辰。大内在西南隅，罗郭而成，周2.5公里，正门曰启夏门，东曰宣和门。中有元和、仁政诸殿。又有景宗（耶律贤）、圣宗（耶律隆绪）二御容殿。西城上建有凉殿，东北隅有燕角楼。今天宁寺塔即在城内西北部。

辽南京城郊人口约30万。北城垣在今白云观（古长春宫）北侧，东城垣在今宣武门外法源寺（古悯忠寺）东侧，南城垣在今右安门内西街，西城垣在今白云观西侧。

以上各城垣方位多据寺庙位置、墓志记载、宋人笔记及金中都残城垣方位估算所定，辽南京城垣遗址实物，随着大规模建设已无迹可寻。

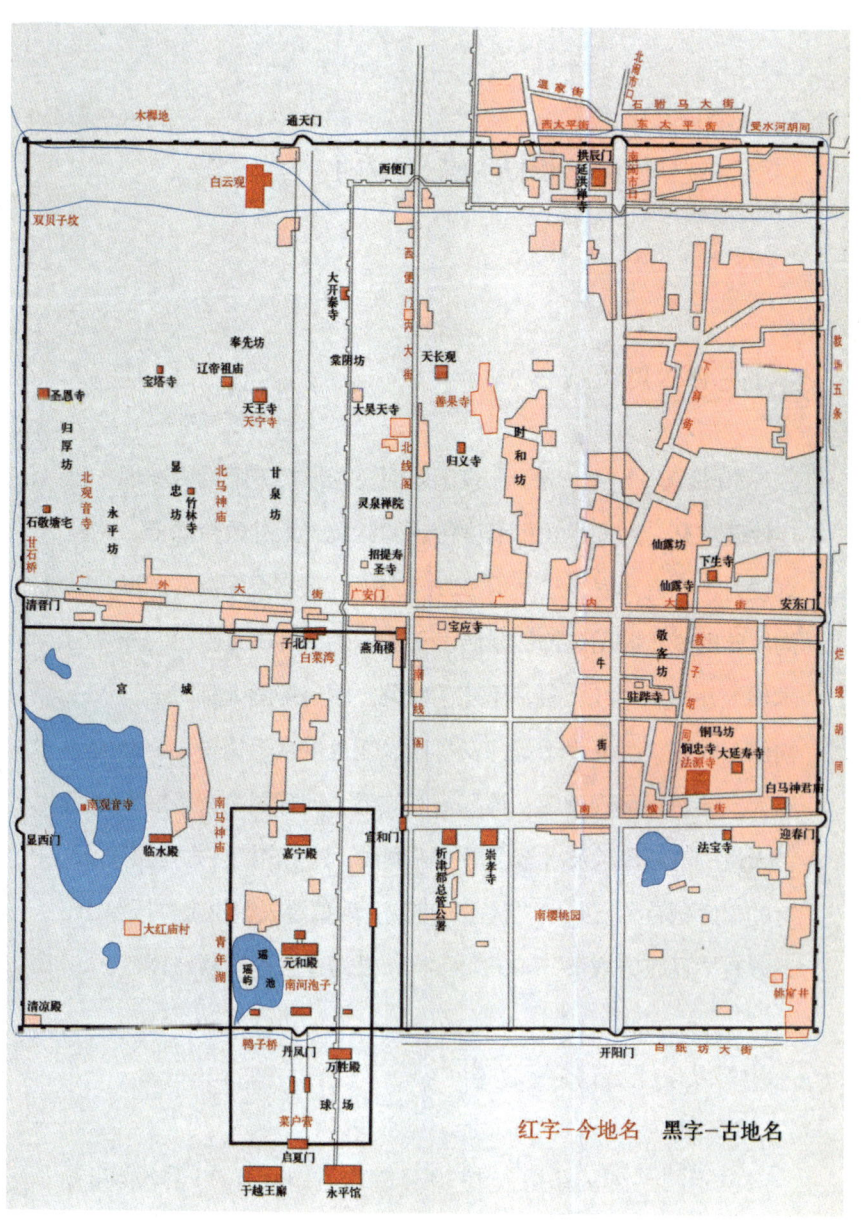

辽南京城复原示意图

红字=今地名　黑字=古地名

圆形墓的流行

丰台区赵德钧墓

1959年11月，位于北京南郊西马场洋桥养鸭场内发现一座辽代砖室墓，为辽卢龙军节度使赵德钧及夫人种氏合葬墓。此墓规模大，三进九室，总面积144平方米。每室平面均为圆形，以沟纹砖砌成，并用装饰性雕砖；于墓壁砌造斗栱直棂窗门楣等仿木建筑，然后用红、白、黑三色粉刷。原有壁画大都脱落，仅三幅保存较好，画面表示了侍女揉面、托盘供食等情景，姿态生动感人。另有官员观画图。该墓曾经被盗，随葬器物大多损毁，残留大量的青白瓷片及大量会昌开元铜钱，其中白瓷多为定窑产品，有的器底刻有"官"和"新官"字款。该墓过去曾出土种氏墓志，记载有"辽应历八年"（958）字样，是为辽代早期墓葬。

门头沟区新桥街辽墓

位于门头沟区新桥大街39号院内。1987年11月发现时，墓已被扰乱，随葬品位移。从出土器物分析，墓葬年代应为辽代晚期。墓坑处于纯净的黄土层中，圆形小砖券墓。墓顶距地表 0.7 米，双层墓壁。外层用毛石砌成，直径 1.9 米；内层以沟纹砖砌成，内径 1 米，墓室高 0.4 米。墓砖长 36 厘米，宽 1.75 厘米，厚 5.5 厘米，系火葬墓。墓中出土白瓷盘 2 件，口径 16 厘米、高 3 厘米，釉色、胎质、器形等与本区龙泉务辽代瓷窑遗址出土的瓷器均相同，很可能是该瓷窑烧制的。另出土灰陶罐 2 件，口径 7 厘米，腹径 10 厘米，高 9 厘米；灰陶敞口碗 1 件，口径 13.5 厘米，高 5 厘米；灰陶柳条纹提斗 1 件，口径 5 厘米，通高 8 厘米；还有一些陶器残片和碎骨。陶器均属冥器，在小型辽墓中常有发现。

昌平区陈庄辽墓

1986 年 8 月，昌平区南口镇陈庄村村西 60 米洼地发现辽墓。墓为砖石圆形墓，方向 200 度，墓顶已塌，墓室直径 2.2 米，残高 1.2 米。墓室壁底层以花岗卵石砌筑，上部用单面沟纹砖垒砌，残余五层。墓室围壁对称砌 4 个砖立柱，墓顶为穹隆形。靠墓室北壁有砖砌方龛，立面为须弥座式，宽 1.02 米，高 0.7 米，深 0.35 米，龛内盛骨灰。墓壁曾抹白灰，原有壁画已蚀毁。出土陶器有陶罐、盏托、筭、注子、瓶、水斗、盆、印纹圆盘、印纹八角盘、缠枝花卉纹方盘、小杯、三足盘、熨斗、碗、唾盂、铛子、釜、男俑、女俑等；瓷器有白瓷盘、白瓷碗、青釉小碗等，还有北宋铜钱。此墓为辽代晚期墓，所出陶俑男女皆髡发左衽，有可能系墓主像。

辽韩佚与夫人王氏合葬墓

位于北京市石景山区八宝山革命公墓院内东侧。圆形砖室券顶墓。阶梯形墓道，长6.9米，宽0.7米，入口距地表5.5米。墓门为仿木结构的砖建筑。檐椽斗栱、阑额等均用长方形沟纹砖雕砌。表面抹白灰，墨绘门框，檐椽以下各部件均涂朱红，斗、栱、枋、柱墨勾轮廓，横眼处墨勾花卉。甬道拱形顶，高1.52米，用长条砖封堵。两壁各绘一官吏，身着红袍，脚登皂靴，拱手端立。墓室圆形，直径3.18米，穹隆顶高3.45米，周壁及顶部抹白灰压光，并绘彩画。墓室北壁彩绘帷幔下绘三扇花鸟屏风，象征着生前居住豪华的前厅后室；屏风两侧分立着身着汉服的奴婢和侍从，室内陈设高腿桌、灯檠和衣架等装饰。所有壁画均先用墨线在白灰面上勾勒起稿，然后用红、黑、黄、棕等色平涂设色；虽敷色不多，仍甚洒脱精练。随葬器物近60件，以瓷器最多，其次是陶器、铜器、银器、漆器和木器等。其中以越窑青瓷注碗、青瓷水注最为珍贵。另有墓主韩佚墓志1方，妻王氏墓志1盒。现藏首都博物馆。

墓主韩佚《辽史》无传。据《韩佚墓志》云："曾祖梦殷，太子庶子。祖讳颎，尚书令。伯讳德枢，政事令。考讳德邻，少亡。"韩佚死后，"葬幽都县房仙乡鲁郭里之西原，从先茔"。《辽史·韩延徽传》："韩延徽，字藏明，幽州安次人。父梦殷，累官蓟、儒、顺三州刺史。……子德枢镇东平，诏许每岁东归省。九年卒，年七十八。上闻震悼，赠尚书令，葬幽州之鲁郭。"可知韩佚是韩延徽之孙，房仙乡鲁郭里是韩氏祖茔。

有关韩延徽家族世系，散见于《新五代史》《辽史》《续资治通鉴长编》《辽史记事本末》中。疏漏舛误颇多，辈分关系不清。今韩佚及王氏墓志出土及韩资道墓志中记述韩氏家族的一些成员及官职，可补《辽史》缺佚。

辽王泽与夫人合葬墓

1970年3月发现，位于丰台区丰台镇桥南。墓为圆形砖券，券顶已塌落，仅存墓壁，高约1.2米。墓内原有壁画，因脱落严重，已看不出所绘内容。墓门设在南面，外为甬道，长1米。在甬道东壁上有一小龛。墓底直径约3米。铺有厚0.5米至0.6米的木炭，在墓底的边缘有残存的柏木条。墓底靠北部有一棺床，长1.9米，宽0.9米，高0.5米，用方砖砌成。在棺床上，未发现完整骨架，只有残骨数根。墓的东壁有影作的桌、椅。桌宽高相等，约0.46米。椅宽0.4米，高0.7米。随葬器物，陶器有盆、罐、碗等；瓷器大多为白瓷，有灯、盂、盒、净水瓶、碗、碟、盘、罐等，另有端石抄手砚1方及铜钱29枚。在墓门处有石墓志二副，盖为覆斗式。一盖正中刻"故陇西郡夫人墓志"楷书8字，一盖正中刻"王公墓志"篆书4字。此墓为夫妇合葬墓，从李氏墓志的撰者，自书为"夫……王泽撰"可知。李氏死于重熙十二年（1043），葬于重熙十四年（1045）。王泽死于重熙二十二年（1053），死后即启李氏之墓合葬。从墓志所记可知，墓葬之地点，在辽代属宛平县太平乡万合里。

辽幽都府冀北县令李公墓

2000年，配合丰台区路口西南四环工程的考古工作发掘出一座辽代砖室墓。墓葬东半部已遭施工机械破坏，仅存墓底铺地砖，两侧保存尚好。经清理，墓室门道内侧出土了1盒墓志，墓室东部出土一部分瓷器和少量陶器，多已残毁。

该墓由墓门墙、墓门甬道和墓室三部分构成。墓门墙位于南侧，从残存部看，原有简单的砖雕仿木结构。墓门甬道左右各有一小龛，甬道内置三列封门砖。墓室平面圆形，直径2.6米，中后部铺地砖略抬升，形成长方形的棺床。穹隆顶塌毁。墓室及甬道内原有壁画，现已不可辨。从墓室西侧的发掘情况看，随葬器物应分别放置于东、西墓壁下。瓷器多出于墓室东南部，计有青瓷水注、白瓷葵花碗、白瓷菱花碗、酱釉葵花碗及盏托、小罐等，制作精美。

陶器多出于墓室西部，全部是明器，计有执壶、三足罐、带盖罐、甑、灶、铛、勺、剪等，均为泥质灰陶，表面施一层红彩，此外还出土了一面完整的铜镜。

墓志首题"大契丹国故朝议郎水部郎中守幽都府蓟北县令赐绯鱼袋陇西李公扶风县太君马氏墓志铭并序"。据志文所载：墓主人李公薨于辽统和二十三年（1005）、马氏薨于辽重熙十二年（1043）。另外墓志不仅记述了燕京西时和坊、幽都县广老乡真宰里、元辅乡贺代里等三处新的地名，还为研究辽代北京地区水系及职官制度提供了新的材料。

丰台区永定路辽营州史李熙墓

1990年，丰台区永定路石榜村附近发现一座辽砖室墓。墓室圆形，直径4.5米，穹隆顶已塌，残高3.3米。墓室北壁有砖砌棱窗，宽1.2米，高1.4米。棺床在墓室中央，砖砌高65厘米。南壁墓门宽1.2米，高1.35米，券顶，墓道中有二道封门砖，因工程原因未全部清理。墓室砌法为二卧一立，在距墓室地面2.2米外有一圈凸出卧砖，自此以上卧砖发券形成穹顶。

出土随葬品瓷器20余件，其中具有五代时期风格的白瓷瓜棱罐、敛口白瓷鼓腹罐、辽白瓷薄胎碗、十曲荷叶口白瓷盘和白瓷葵形碗均刻有"官"字款，秘色瓷碗，葵口双蝶秘色盘。陶器有：盆、罐、壶、瓶、杯等。鸡腿瓶、塔式罐等均为典型辽代器物，铜器有方形铜镜，银匕1件。墓志1盒，方形72厘米×72厘米，志盖覆斗形上刻人身兽首十二生肖。

墓主人李熙，生前为营州刺史，阶至崇禄大夫，勋至上柱国，邑至开国子，食爵五百户，死于统和年间（983—1012）。此墓出土的精品瓷器和墓志为研究北京辽代城坊提供了重要资料。

辽马直温墓

马直温墓位于大兴区京开公路西红门段东侧北京液压机械厂院内，1979年10月发现并清理。该墓为圆形砖室墓，墓道南向，早年被盗，墓顶坍塌。墓室直径4.1米，墓道宽1.2米，墓室壁厚1.1

米，残高 1.06 米，墓底距地表 3.78 米。

墓室内原应有木质地袱、木榻及墓帐等，正中有一略呈长方形的祭台，祭台长 1.41 米、宽 1.21 米、高 0.4 米。墓中清理出的随葬品有影青瓷盏托 1 件、白瓷折腹小碟 1 件、小碗 1 件，碟、碗应为北京门头沟龙泉务瓷窑烧制。还发现唐、北宋时期铜钱 13 枚，莲花座小塔形顶石墓幢顶 1 件。

最重要的是发现了大型活动关节木偶人（真容木雕像）2 件，男、女各一，女像仅存残肢。男像为柏木圆雕；高约 1.4 米，全身由 17 个部件组成，关节部用榫轴套等相连，可自由活动，木像胸腹用圆木凿成木匣状，背部盖可掀开，内存骨灰，头部可插入胸上的凹槽中。此像应为马直温的真容像，是一件不可多得的辽代木雕肖像。墓中还出土了十二生肖木俑 11 件，柏木圆雕，着方领大袖袍服，执笏，头戴刻有生肖的冠，十二生肖中缺"戌狗"。这些珍贵的木质文物现都已经过脱水处理，得到了妥善的保护。

在墓道中发现马直温妻张馆墓志 1 盒，方形，边长 78 厘米，盖为盝顶式，四坡刻有十二生肖首的人身像，周围刻有云纹和牡丹花纹，盖上中部刻有"清河郡夫人张氏墓志"。志文载马直温官为大辽金紫崇禄大夫右散骑常柱国开国公，其妻张馆 66 岁，死于辽天庆三年（1113），葬于燕京析津县招贤乡东綦里。

遍布全市的辽代塔基

顺义区辽净光舍利塔塔基

坐落于顺义区城南门外的高台地上。1963年3月农民取土发现后，由当时的北京市文物工作队清理。康熙刻本《顺义县志》的《舆图》和《古迹》等篇对该塔有简略记载，《宝塔清风》一诗中也有"城南雄峙一浮屠"的诗句。但塔被毁已久，仅存基部。

塔基为圆形夯土。基址高出原地表3.8米，南北长19米，东西宽15米。地面有散乱的长条沟纹砖、方沟纹砖及特制加工磨成各种式样的装饰砖。塔基中央1.2米深处为舍利函，长2.7米，宽2.65米，高2.4米。函壁用长沟纹砖砌成，底面由方沟纹砖铺地，函顶用五条青石封盖，东南角石条上有直径40厘米的凿孔痕迹。函中央置石经幢一个，幢通高109厘米，底座为八角形，顶部如八角亭状，经幢上记"……维卄泰二年（1013）岁次癸丑四月壬戌朔二十二日未丙时葬，顺州□官李玄锡书"。

经幢前靠南侧置长方形佛塔题名石刻，上刻建塔经过及布施人姓名。函内东西两侧分置净水瓶、水注、白瓷罐、白瓷盒、银盒、银座水晶佛塔、漆盘、瓷盏、银饰、铜饰等。北侧堆积铜钱一堆，计2443枚，以当时通用的宋代钱为主，有太平通宝、景德元宝、祥符元宝、至道元宝、咸平元宝等，不通用的其他时代的铜钱以汉代五铢钱和货泉居多。

按经幢及石刻所载，塔名为净光舍利塔，塔院名义林院。于辽代统和二十五年（1007）开始筹划，开泰二年（1013）四月奠基，约于次年（1014）建成。石刻上详细列出供养人情况，特别注明当时的二十几个村落，这些为研究北京史尤其是顺义区的历史沿革提供了重要资料。

北郑村辽塔塔基

位于房山区城西南约20公里的北郑村西口路南，建在高约2米的台地上，南向。1977年6月2日塔身出现裂口，次日清晨向南倒塌，因此进行了全面清理。

原塔为八角形十三层密檐式实心砖塔，残高21.3米。塔下部是基座部分，塔基直径6.2米。其上为两层须弥座。下层用砖雕斗栱，栱眼壁作出"壸门"，内置辽金时代砖塔惯用的雕狮头像。上层须弥座，转角为宝瓶式砖柱，各柱之间立砖柱三，内为"壸门"，置姿态不一的伎乐天，有弹箜篌、琵琶的，有击鼓、吹笛、做挥舞动作的。两须弥座均以叠涩间隔。

基座上承塔身。塔身高14.3米。转角处施抹角方柱，柱下有覆盆式柱础。塔的四正面辟券形假门，其余四面各有浮雕塔形建筑二个。各砖柱上施栏额，普柏枋，枋上施斗栱，每面补间斗栱一垛，出一挑，单四铺作，令斗栱上出劈竹耍头，这是辽代建筑特点。斗栱砖雕椽檐，再上用砖层层叠涩，挑出塔檐共十三级。

镶砌在塔身上的砖为法舍利塔文字砖和雕花砖。文字砖为红色，表面涂铅粉，正面塑出塔形图案，砖长36.5厘米，宽18厘米，厚3.3厘米。雕花砖为灰色，上雕各种花卉、人物、动物等，一般尺寸为57厘米×26.7厘米×5.5厘米。

塔基内有"地宫"，平面为方形，圹底四边长1.2米，圹高1.02米；圹底用方砖平砌三层，东西侧壁共十二层。圹顶盖是中间有一圆孔的长方形石板。"地宫"侧壁无任何雕塑彩绘。"地宫"内南侧中间，置长方形大理石石函一个，尺寸为79厘米×52.5厘米×54厘米。

塔身内出土器物有：八角形石幢一件，幢身八面均刻楷书汉字经文，幢文为辽应历十五年（965）岁次乙卯四月己亥朔八日丙午巳时建陀罗尼幢常友文镌。在石幢上部有一陶幢居中，四面各立一陶塔。陶幢为五代后唐长兴三年（932）烧造的夹砂红陶。陶塔有圆形及八角形两种，为红、灰陶和由红、黑、白等色组成的彩绘陶。在石幢附近还出土20余件残石造像及泥质佛头像和石刻像。

"地宫"中在石函周围铺地砖上撒有铜钱，共29枚，有汉五铢钱及开元、太平、咸通、景祐等年代的铜钱。石函内存有器物共33件（不包括水晶珠1串和舍利子1小包）。其中石卧佛1件，系释迦牟尼涅槃像。另有辽瓷碟、银碗、铜碗、银碟、铜镜、铜匙、银佛幡、银宝花、银幡架、银棍等。

1928年重修的《房山县志》曾将该塔记述为唐高宗麟德二年（665）建造的唐塔。但从塔的外部形制、所用的沟纹砖、出土器物的年代，特别是石函刻铭看，此塔为辽重熙二十年（1051）重建的辽代塔无疑。从石函中随葬佛像及佛教供养物，说明该塔为佛塔而非墓塔。北郑村塔及其出土器物对研究当时的锻造工艺、石刻艺术、佛教艺术以及它和云居寺石经山的关系等，都有重要价值。

云居寺南塔塔基

云居寺位于房山区南尚乐乡水头村，创建于隋唐之际（一说创于北齐），历代屡有重修扩建。寺坐西朝东，规模宏大，中路有殿宇六进，院落五层，左右有僧房客舍、竹圃行宫，南北二塔分据左右。抗战期间毁于日寇炮火，寺院成为一片废墟，南塔也于此时被拆毁，仅存一座辽代建造的北塔及其四隅的四座唐代小型石塔。

被毁前的南塔是八角形十一层檐的密檐式砖塔，建于辽天祚帝天庆七年（1117）。因当时是为移放云居寺创始人静琬法师秘藏于石经山雷音洞内的佛舍利而建，故名"释迦佛舍利塔"。

遗基中曾出土舍利石函1个，据记载里面盛有银质净水瓶1个、刻花铜炉1个、鎏金小坐佛1个、线刻铜佛板2块、大泉五十铜钱3枚、乾元重宝1枚、庆历重宝1枚、熙宁重宝1枚、元丰通宝27枚。石函外壁阴刻铭文："大辽燕京涿州范阳县白带

云居寺

山云居寺，此石匣内有银净瓶一个，内有释迦佛舍利八粒，颗如粟、白如雪，香炉一个，黄香八两，檀香四两，永为供养，愿益四生俱登觉道。时天庆七年三月一日戌时葬。比丘志兴、比丘法聪、比丘善锐。"铭文所记装藏物与实际出土者不尽相同。

南塔台基北面原有石塔幢3座，但这3座塔幢和南塔同时被毁弃。中间一座是辽天庆七年《大辽燕京涿州范阳县白带山云居寺释迦佛舍利塔记》，因铭文中记有"此塔前相去一步在地宫有石经碑……"故应是俗称的压经塔，文中并记有"（云居）寺始自北齐"等语。西北角的一座为次年（1118）沙门志才撰、惟和书《大辽涿州涿鹿山云居寺续秘藏石经塔记》，塔铭记述辽圣宗、兴宗、道宗时的刻经情况及数量等。此塔幢后经重新组装立于云居寺后开的南门内院中，幢身为八角形石柱，上覆七层八角石檐，基座八面浮雕八仙乐师、飞天、神兽等纹饰，通高4.5米。

东北角的一座是金天眷三年（1140）再次埋藏金代经版时所立的《镌葬藏经总经题字号目录记》。以后在大定、明昌间，再一次启开地穴埋入经版。云居寺从隋唐时期即开始刻制石经版，刻后封存于寺东北1.5公里的石经山藏经洞中。辽金两代刻经事业转盛，经版数量增多。天庆七年（1117）由沙门善锐主持，在寺内东南隅穿地为穴，将辽金两代刻造的大小经版，前后分3次埋在地穴中，并在上面筑砖台建石塔，作为藏经所在地之标志。

因首次埋经版和修建释迦佛舍利塔是同年的事，且藏经穴和舍利塔又近在咫尺，故南塔常被误认为是压经塔。1957年夏发掘藏经地穴时，出土辽金经版共计10 082块。该批经版，经佛教界、文物界研讨，国家文物局批准，于1999年9月9日9时重瘗于原塔基地下封存。

密云区冶仙塔塔基

冶仙塔位于密云区城东北4公里的冶山上，称"冶塔仙灯"，是密云有名的外八景之一。冶仙塔初建于辽代重熙八年（1039），塔高约8米，平面呈八角形，塔基、身、顶全部为砖雕仿木结构。"文化大革命"中被炸毁。1988年秋，对该塔残基址进行清理。

塔基残毁严重，地面上部已全部不存。地宫只有南壁保存稍好，其他三面皆倾斜移位。据残迹分析，地宫南北向，门朝南，略成长方形，南北长1.3米，东西宽约1米，深约0.4米。地宫四壁为错缝叠砌砖并涂抹白灰，地面铺长40厘米的方砖。地宫上覆盖长方形青石板（长1.34米，宽1米，厚0.1米），石板中间为一圆孔。

地宫内出土40多件陶瓷器和70多枚铜钱。瓷器有绿釉净水瓶、秘色瓷碟、方形白瓷碟、葫芦形瓷坠、圆形白瓷碟等。陶器均为塔形经筒，大部分已破碎，约30余件。佛念珠1颗、残玻璃器1件。塔基中出土的"绿釉璎珞纹净瓶"，是一件造型、釉色俱佳的辽代瓷器，曾在新加坡展出。

房山区坨里乡"上寺"塔基

位于房山区坨里乡上万村的"谷积山院"寺附近。此地区为金代谷积山院的塔院，原有砖塔四座，均遭破坏。在其中的一座塔基内出土1个大理石制石函，底盖为子母口，函盖顶部呈覆斗形，盖顶阴刻楷书"大金谷积山院故长老悟玄大师皇统八年三月二十七日志"24字，分三行镌刻，铭文四周线刻缠枝花卉。

皇统八年为1148年，是金熙宗完颜亶第二次改元的年号。石函内盛有谷积山院的悟玄长老圆寂后的骨灰，并附有印花影青瓷盘1件。此盘与元代枢府窑印花盘的形制、花纹颇为类似，但质地比枢府窑细，釉色也有别于元枢府窑的白色而呈影青色调。此盘出现在金代石函中，为枢府窑的断代提供了新的佐证。

天开塔地宫

天开塔位于北京市房山区岳各庄乡天开村东南。1990年6月清理发掘天开塔地宫。天开塔建于辽乾统十年（1110），为八角形砖塔，塔已残，地宫入口在塔基南部，为方形竖穴天井，底部有券门通入地宫。

地宫顶部为穹隆顶，底部为八角形，每个转角处有一组影壁作斗栱。斗栱及顶部均有彩绘，图案以花草、云纹为主。南、北、西三面墙壁上各有题记一处，其中靠门左侧墙壁上的题记为"乾统十年八月五日囗县燕谷村刘瑞……"，此应是该塔建造的准确纪年。

地宫中间有一座砖石混叠构成的舍利塔。塔中部石函内，自外至内为：铜、银函。银函内装1件银质净瓶和1件内装5粒"应似舍利"的水晶瓶。此外，地宫内还出土木供桌、供椅、瓷瓶、银钵、银勺、银箸、铜镜、铜铃、石佛、小木佛等遗物20余件。石函、石函座及铜、银函上，均刻有文字，其内容主要记载了该塔建造的历史及捐款建塔的村人姓名。

招仙塔塔基

招仙塔塔基位于石景山区八大处二处灵光寺东南隅。原为辽咸雍七年（1071）所建招仙塔。《日下旧闻考》载："灵光寺右，有翠微寺，无碑碣可考，寺后有塔，十层八棱，俗称画像千佛塔。

绕塔基有铁灯龛十六座。"此塔为辽国丞相耶律仁光的母亲郑氏出资，为供奉佛祖释迦牟尼的1颗佛牙而建。辽道宗耶律洪基定名为招仙塔。清光绪二十六年（1900）毁于八国联军炮火，仅存塔基。塔基高约4米，呈八角形，底座砖雕刻有塔形图、佛教的缘起偈、祥瑞花草图案以及吉祥鸟图案。底座之上的须弥座，每角砖雕金刚力士像，头顶斗栱。须弥座束腰部分，有浮雕佛像、护法金刚、舞乐仙人及兽头，形态生动，雕工精美。

　　1900年招仙塔被毁后，塔基曾出土一石函，函内有一沉香木盒，供奉佛祖灵牙1颗。盒外写有题记"释迦如来灵牙舍利天会七年四月二十三日记比丘善慧"。1955年佛牙迎奉至广济寺舍利阁。1964年灵光寺内北院新建佛牙舍利塔落成，佛牙由广济寺奉安新塔，并举行了开光盛典。

金中都时期

到了金代，北京被称为中都，是金朝先后建立的三个都城中政治地位最突出的都城。在考古探勘和发掘的基础上，结合文献记载，人们对金中都的形制、布局、结构等情况有了较为清楚的了解。金中都的部分城墙和城门遗迹仍保留至今。金陵是目前所知北京地区最早的一处帝王陵区，这与金中都的建成、女真贵族统治的汉化、封建化进程密切相关。除帝陵之外，北京发现的金代墓葬达百余座，分期和类型划分已较为清楚，大体有竖穴土坑、砖圹、砖室和石棺（椁）墓等几类。

金中都遗址

金中都遗址

金中都城，于金天德五年（1153）在辽南京城的基础上扩建形成。位置在今北京市区西南的西城、丰台区内。其西垣在今会城门、马连道、凤凰嘴村一线；南垣在凤凰嘴村鹅凤营、祖家庄、花园林、四路通一线。其东垣在四路通、陶然亭、黑窑厂、梁家

金中都遗址

园一线；北垣在会城门、羊坊店、头发胡同、翠花街一线。中都城近似正方形，周长约33里。城门十二：施仁、彰义、宣曜、灏华、崇智、通玄、会城、景风、丰宜、端礼、阳春、丽泽。城中里坊约62个。中都城的皇城，在城内中央偏西南，而宫城则在皇城之内中央偏东北，其地在今广安门至白纸坊一线的滨河路，主要宫殿有大安殿、仁政殿、勤政殿等。中都城的皇家苑囿，城内的有西苑、南苑、东苑、北苑。其中最著名的是西苑，在皇城西部，它包括同乐园、鱼藻池、琼华岛等建筑，其地在今西城区青年湖；城外的园囿有西湖（今莲花池）、钓鱼台等。

中都城自建成到被焚毁，共使用约60年。贞祐三年（1215），中都为蒙古所破，宫殿被焚，中都城从此衰落。元大都城建成后，至元二十五年（1288），拆毁中都城垣。明嘉靖三十二年（1553）筑北京外城，中都城东部被圈入外城之内；其护城河彻底破坏中都城宫殿区。目前，中都城除凤凰嘴村附近保存一段城垣外，中都城的地面遗存已片瓦皆无。

金中都宫城区

1990年至1991年西厢工程考古勘探与发掘，共钻探了15万平方米，发现夯土13处，路土9处，墓葬、水井（明、清）10余处。重点发掘了面积最大的一处夯土遗迹，南北60米，东西残存60米，夯土厚近5米，搞清了辽金时期夯土的做法，并取得大量有地层依据的唐、辽、金时期的砖、瓦、陶瓷器等文物

金中都时期 / 137

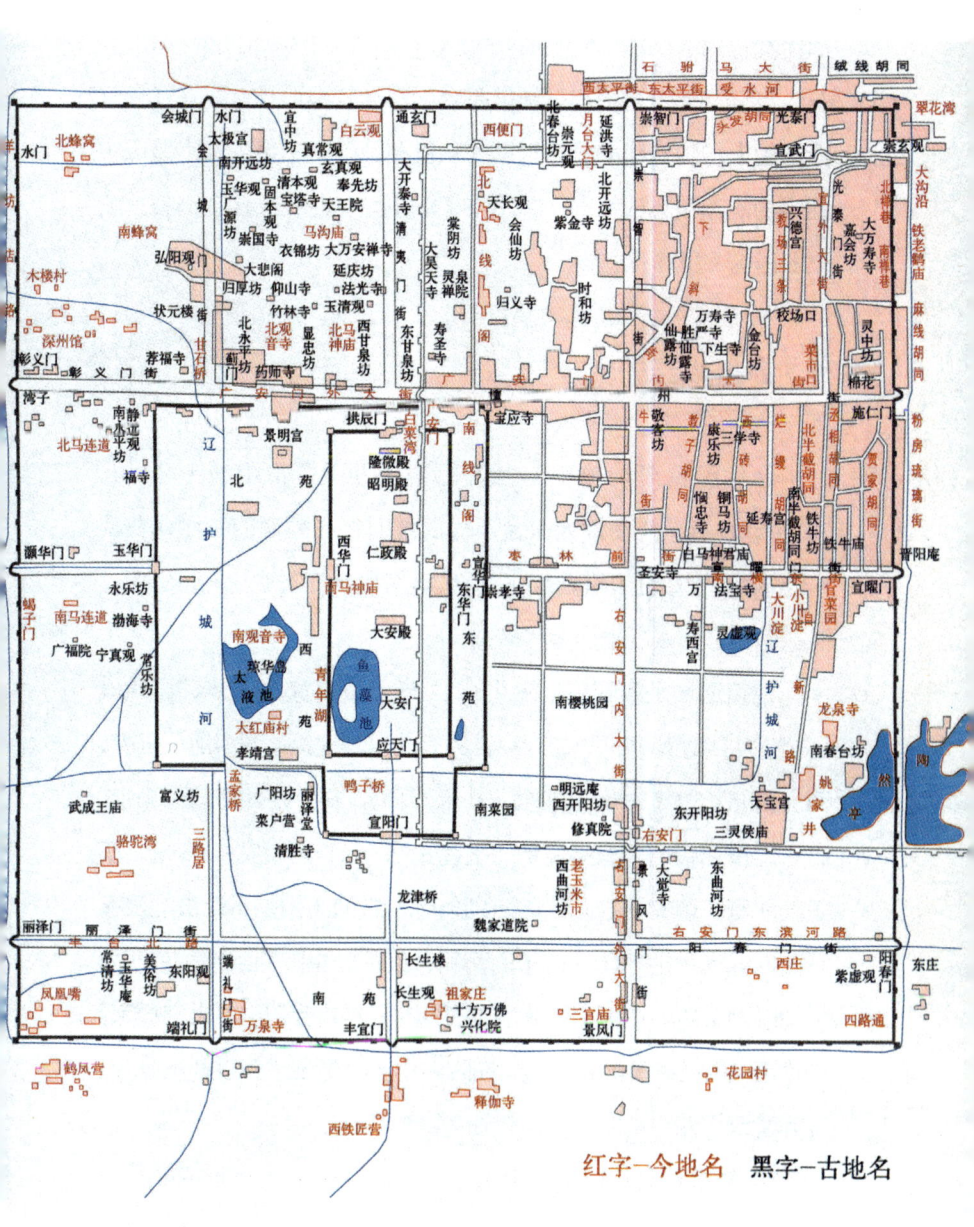

金中都城复原示意图

红字-今地名　黑字-古地名

的标本。

参照文献，这里很可能就是金中都大安殿遗址，是在辽代宫殿基础上加以扩建的。通过勘探和发掘，确定了金中都宫城区中轴线的范围和大致布局，并出土了铜座龙、龙凤纹鎏金铜镜、成化瓷器等一批珍贵文物。

金代葆台遗址

金代葆台遗址位于丰台区郭公庄西南隅，距城15公里。1974年8月，在发掘大葆台1号汉墓时，在墓道的右侧，发现一座破坏严重的建筑遗址。1975年4月，在发掘2号汉墓时，又在两墓之间发现一座金代砖井。

建筑遗址坐西朝东，南北长11米，东西宽10.5米，已残破不全。从残迹观察，是一座西房，另有北房等建筑。西房前是庭院，西房南北长10.17米，东西宽6.8米，开间不清。在西房前列正中，有三瓣蚕翅踏道，呈斜坡状，南北长2.2米，东西宽0.76米。院子的北侧，留有一排东西向陡砌条砖。它的内侧是不连贯的残存东西向的六排铺地砖。院子的南侧，仅留一排陡砌条砖和东西向平铺顺砌条砖。在西房内曾出土有宋"元祐重宝"、金"大定通宝"等钱币，还有铁马镫、白釉碗。在院内出土有墨釉罐等以及不少砖、瓦等建筑构件。

砖井遗址，圆形，井底略大于井口。现存井口比地面高出1.8米，砖井径1.4米、深8米。井底有圆形木制井盘，厚5厘米，保存完好。出土文物有瓷器、铁器、铜钱以及建筑构件等。其中的酱釉鸡腿瓶、白釉褐花碗、铁六鋬釜、铁铡刀、兽面瓦当及重唇板瓦等皆与北京地区金代墓葬和遗址出土物相似，特别是出土的两种金代铜钱中，有1枚是章宗时的"泰和重宝"。

其遗址范围较广，据考古钻探，它南北长百米，东西宽百米，面积约7000平方米，目前清理的仅仅是北部边缘的一角。据元代熊梦祥著《析津志》记载："葆台，在南城之南，去城三十里。古老相传，明昌年间（1190—1195）李妃避暑之台。无碑。志所记有寺甚壮丽。乃故京药师之院也。"文献记载与遗址正合。据建筑遗址和砖井出土文物，可以确定大葆台建筑遗址为金代。

金代遗址

1971年8月，在右安门内里仁街前进棉纺厂院内，距地表3.5米处，发现一古文化堆积层，厚约1米左右。在文化层底部约40厘米处发现残铜罍，残高25厘米，口径13厘米，口沿微侈，圆腹圈足，通体布满纹饰，颈部有弦纹二道，肩部布圆涡纹，腹部饰饕餮纹和云雷纹，圈足外布勾云纹，腹两侧置对称耳环，正面腹下有素鼻纽一。罍底部内面，阴刻铭文四行："唯宣和四年八月甲辰、帝命作壶樏、赐太尉□□，祀其先，子子孙孙其永保之。"与罍伴出有定窑白瓷残片及北宋至道、皇祐、熙宁和金正隆、大定等铜钱。此铜罍应系宋靖康二年（1127）金掳宋徽、钦二帝，并搜刮汴梁的金银财宝、卤簿礼器等物至燕山的物品之一。

金代水利遗址

金中都水关遗址

金中都水关遗址位于今北京市右安门外西南，南距凉水河（金中都南护城河）50米，1990年9月施工中发现，1991年4月发掘，是中都城墙下的水道建筑，城内河水由此入护城河。

遗址南北向，距现地表5.1米。通长43.4米，过水涵洞长21.35米，宽7.76米，在南北出入水口，各有"八"字形摆手，摆手长13.35米至13.7米，宽分别为16.1米和12.8米，中间为石板铺就的流水面；两侧是石板砌筑的边墙，残高1.5米，边墙间距7.7米。

水关建筑整体为木石结构，最下层基础密植木桩，木桩之上放置排列整齐的衬石枋（横木），衬石枋之上再固定地面石和砌石板墙。木桩、衬石枋、石板之间连接紧密，由榫卯固定。关键部位的石板，用铁钉固定在衬木上，石板之间以束腰铁锭（即所谓银锭锁）相连固定。此外，在流水面两端出入水口石壁两侧、河岸，均有木桩护关及护堤。

在水关边墙两侧，发现有残存的夯土遗迹。下层夯土是用碎石块、石片和加沙黄土组成，上层是由黄土和一层碎石片构成；夯层均匀，层次分明，土质坚硬，每层厚 15 厘米至 18 厘米，疑为中都城垣的基础夯土。水关遗址建筑结构坚固合理，与宋《营造法式》的规定相一致，是其实物例证和注释。

金中都水关遗址是目前金中都城遗址中保存最大、最完整的一处，是近年来北京地区重大的考古发现，被列为 1990 年全国十大重要考古发现之一。该遗址的发现，对于研究中都城的建筑布局与结构，研究城内水系以及金代建筑法式、建筑工艺水平，都是极有价值的资料。2001 年列为第五批全国重点文物保护单位。建于右安门外玉林小区的北京辽金城垣博物馆，已于 1995 年 4 月 23 日在纪念北京建城 3040 年庆典仪式时正式对外开放。

金中都水关遗址

金古河道遗址

1992年至1994年，配合北京西客站工程建设的考古勘探与发掘，确定了金中都西城墙自申州馆至莲花池700余米的地下基础；测定了古莲花池东、南、北三面界地，找到一段出水河道及一座湖心岛。还在莲花池东部发现了一条年代早于辽金的古河道，这对探讨水域形成年代颇有意义。此外还发现了多处辽、金城内的古河道和石桥。

金中都"太液池"遗址

金中都"太液池"遗址位于西城区白纸坊青年湖游泳场。1995年配合"金王行宫"工程对该遗址进行了勘探和发掘。勘探面积3万平方米，发掘面积1400平方米。确定了早、晚两期湖泊的范围和湖心半岛的变动界地。

第一期湖域平面约为南北向椭圆形，注水口位于西北，东南有水口，湖心岛位于中部偏西，岛的北、东、南三面与今天的半岛岸界差别不大。

第二期湖域范围较第一期内收，东南出水口变窄，第一期湖心岛西侧淤塞形成半岛，水面呈马蹄形。湖心岛中部和西部发现四处夯土基础。其中1号基础居于岛的中心部分，呈南北向长方形，面积超过2300平方米，南北大致占岛的长度的六分之五。从位置和规模来看，该基础应是辽代初建、金代重新修缮的瑶池殿。

2号基础规模略小于1号基础,可能是金代营建的鱼藻殿。

另外,在原湖底还发现了一口辽代砖井,残存部分距现地表5.4米,口径0.9米。叠压在井口上的洪水沙砾石层,经热释光年代测定:距今820年±90年,辽末金初该井遭到破坏。

金 陵

金陵是曾称雄我国北方的女真族建立的金朝的陵墓群,位于北京房山区大房山脚下。史载金陵中有从东北迁葬的始祖以下十代帝王陵,太祖、太宗二陵和在中都埋葬的五代帝王陵,共十七陵以及诸王兆域(海陵王被黜,降为郡王,改葬于大房山鹿门谷诸王兆域中)。

金陵依山营建,绵延百二十里。明代天启初年遭到破坏。清代自称女真后裔,对陵墓进行了局部整修,修葺了太祖、世宗二陵。后来山陵遭到严重破坏。至20世纪60年代曾出土过石人、石马、石羊等石象生和石门。如今地面建筑已荡然无存,但仍有遗迹、遗物可寻。地下也常因农民植树耕地挖土发现文物。1986年以来,为了查清金陵的范围、布局,保护好这一古迹,北京市、房山区文物部门,经国家文物局批准,于2001年春对金陵遗址进行了全面考古调查,2002年6月,考古勘察和试掘取得了可喜的收获。

金陵范围,《大金集礼》记载较详细,坟山禁界封堠四至周围地理，东至万安寺西小岭9公里，南至黄水峪13公里；西至辘轳岭13.5公里，方圆约计60公里。

《金图经》和《大金国志》均记载：太祖、世宗葬在大洪谷。此处并有"瑞云宫"（现在皇陵村、龙门口一带）。田野考古调查时，在此处发现一块残宫碑。碑残文："钦□瑞云宫，祖师□□正阳真人，门下提点，受□祖□□大师王道通仙……"由此可知此处似为金太祖陵地。太祖陵往北，山峰叠起，越见险峻，推测陵区不会再向上发展，依营陵规律，太祖陵依山营建，也不会在其陵后再设陵下葬，因此，可推测太祖陵即为金陵北界。

金陵调查最重要的发现是一座高约2米、宽1米的金代石碑。碑上刻"睿宗文武简肃皇帝之陵"十个填朱涂金粉的大字，碑额四龙吐须，尾托火焰珠，龙形独特。睿宗是世宗之父，其陵为景陵。睿宗虽然没做皇帝，但其子世宗称帝后，追封父亲为睿宗，并从东北迁坟陪葬帝陵。据《金史·世宗纪》载，世宗遗嘱："万岁之后，当置朕于太祖之侧。"世宗兴陵即在太祖陵之侧，又与其父景陵距离不远，而清代重修金陵时，主要是修太祖、世宗二陵。这样分析看，这块石碑的发现，就为探寻三个陵位，提供了一些线索。

金陵主陵区是金代皇室陵寝的重要组成部分，平面布局采用中国传统的建筑做法，以神道为中心轴，两侧对称布局，由石桥、神道、石踏道、东西台址、东西大殿、陵墙及陵寝等组成：石桥位于主陵入口处，在神道南端东西长9.8米、南北宽4.25米。桥北为神道，正对主陵，全长200余米，两侧有花岗岩柱础。神道北端为石踏道，金陵遗迹分布图宽5.4米、南北残长3米。两侧在石质地袱上竖立4块两面雕刻牡丹行龙的汉白玉栏板和望柱。栏板前有两个蹲兽，栏板中间是线刻莲花七级石阶，形象地再现了当年拾阶而上直通主陵的一条神道。沿着残存神道逐级前行，仍可发现许多残破零散在地面的栏板、台阶。地面上，堰上残存大量汉白玉、青石以及花岗岩等建筑构件，有浮雕线刻人物、行龙、虎兽、牡丹、忍冬草、寿桃等纹饰，极其精美。还有龙头滴水、残龟首以及刻有莲花、几何纹的大、中、小各式汉白玉柱础。大量的"龙纹""虎头纹"等绿琉璃瓦当、滴水、兽头、妙音鸟、石坐龙、迦陵频伽，皆为世人鲜见。近年来在陵区范围内，曾发现石椁、描金花贴银漆木棺，随葬极精美的玉饰件等工艺品。附近也曾发现宋代三彩瓷枕，更值得注意的是在陵区内发现契丹贵族葬具——鎏金银面具。这绝不是一般人墓中之随葬品，与皇族不无关系。金代统治者十分珍视北宋、辽代的精美物品，因此用作自己的陪葬物。

在金陵遗址内，共调查并清理了6座墓葬，现择要著录如下。

（1）M6（6号墓代号）

2001年对金陵遗址进行调查清理时，在清代大宝顶前约15米处发现一处岩坑遗迹。坑内有瘗葬汉白玉雕龙、雕凤的石棺椁（M6）。据当地农民讲，此处在20世纪80年代仍有大殿基址，地面有柱础和压栏石等。按《金史·太祖本纪》记载，"贞元三年（1155）十一月，改葬于大房山……"《金史·海陵本纪》记载，"贞元三年三月，乙卯，命以大房山云峰寺为山陵，建行宫其麓。五月……奉迁太祖、太宗梓宫。丙寅，如大房山，营山陵"。据此考证，此处可能为金太祖阿骨打之陵。

①地宫形制　M6的地宫为石圹竖穴，平面呈长方形，四壁为岩石凿穴而成。口大底小，东壁略向内倾斜，其他三壁向外略有缓坡，坑口东西长13米，南北宽9米至9.5米，深3.6米至5.2米。坑底较平，坑口北部高，南部偏低，南北落差1.3米。墓室底部夯筑素黄土，夯土厚2.5米，每层厚约0.2米。夯土以上平铺交错巨型石块，至墓口大约4层，共用石块200余块，每层石块之间也用素黄土夯实。

②葬具　地宫内瘗葬有4具石棺椁（M6-1、M6-2、M6-3、M6-4）。M6-1、M6-2为青石素椁，南北向放置于地宫西侧。M6-3、M6-4为汉白玉雕龙、凤纹石椁，东西向放置于底部正中偏北。

M6-3为汉白玉雕凤纹石椁，平面为长方形，长2.48米，宽1.2米，通高1.52米。椁盖为盝顶式，内凿凹槽，外壁陡直，顶部平面呈长方形。外壁雕刻缠枝忍冬纹，顶部四角刻卷云纹，中间刻双凤纹，然后贴金箔，但大都斑驳脱落。长2.16米，宽0.92米。椁身由整块汉白玉雕凿而成，长2.48米、宽1.2米、高1.06米，壁厚0.07米至0.08米。石椁外壁四框用缠枝忍冬纹圈边，东西两侧挡板正中刻团凤纹及卷云纹，南北两壁中间刻双凤纹及卷云纹。外壁四周用松香匝敷。椁内壁均有泥金勾绘纹饰，前后两挡板是团凤纹，南北两壁皆为双凤纹，部分纹饰尚能看见金线的痕迹。

石椁内放置木棺一具，保存基本完好。棺平面呈长方形，棺盖残落在棺内，长2.1米，宽0.75米至0.78米，高0.68米。木棺外壁髹红漆，饰银片鎏金錾刻凤纹及流云纹。棺内出土头骨及散乱的肢骨，除头盖骨在东端保存较完整外，其他肢骨较为零乱。M6-3内出土有金丝凤冠和玉饰件等。

M6-4为汉白玉雕龙石椁，残留底部，长3.12米，宽1.35米。椁盖为盝顶式，残留三分之二，椁盖长1.55米，宽1.1米，厚0.6米。顶部剔刻团龙纹，四坡面刻缠枝忍冬纹。椁身为长方形，仅保留东壁，其他三个壁均被砸毁。东壁挡板高1.22米，宽1.52米至1.54米、厚0.22米。正面剔刻团龙、流云纹。内壁有墨线朱红地彩画，但已模糊不清。椁内木棺已被毁无存，仅残留痕迹，长2.1米，宽1米。椁底的朱红地金线勾绘双龙戏珠纹已模糊不清。

③随葬器物　有金丝凤冠、玉鸟等。金丝凤冠1件（M6-3）。金丝编制。顶部编海棠花饰，四周编成网络形。直径14厘米，高10厘米。玉鸟3件。M6-3:2，白玉雕刻的长尾凤鸟。长7厘米。

（2）其他墓葬

另外清理墓葬5座，位于神道西侧，M6西南的第4级台地上。形制相同，埋葬形式不同。M1、M2位置稍偏南，东西向；M3、M4、M5位置稍偏北，南北向。均为长方形竖穴石圹墓。其中M1、M2、M3早在20世纪70年代平整土地时便遭到破坏和扰乱，墓内随葬品遗失，仅从当地农民手中收回1件"萧何月下追韩信"三彩瓷枕。

①墓葬形制　5座墓中仅M4、M5保存较好。

M4位于T11和T13之间。方向352度。四壁用花岗岩平铺错缝垒砌，墓壁抹白灰，长2.95米，宽1.35米，深1.15米。墓底南北两端放凹形石做棺台，北侧石长0.78米、宽0.41米、高0.36米，南侧石长0.78米、宽0.41米、高0.38米。在凹形石槽内填小薄砖，石台外亦抹白灰。墓室内木棺已朽。骨架散乱，上肢骨及盆骨在东侧，头骨在两台之间，墓内出土铁剑和石枕。

M5位于T11和T13之间。M5与其西侧的M4并排，两墓相距2.1米。方向355度。四壁用花岗岩平铺错缝垒砌，墓壁抹白灰，长2.65米、宽1.2米、深0.76米。墓室南北两端亦放置凹形石做棺台。墓室内木棺已朽，肢骨散乱。北端棺床下发现圆形小腰坑，直径0.3米。墓内出土瓷罐和碗。

②随葬器物　有铜首铁剑、石枕、磁州窑龙凤瓷罐、"泰和重宝"钱、磁州窑瓷碗等。铜首铁剑1件（M4）。铜质把首，木柄，剑身为铁刃，经X光测试，剑脊饰银线，前端镶嵌北斗七星。长1.25米。石枕1件（M4）。青石质。长21厘米，高10厘米。磁州窑龙凤瓷罐1件（M5）。灰白胎，胎质坚硬。直口，短颈，圆肩，收腹，卧足。白釉黑花，肩部绘缠枝菊瓣纹，腹部绘龙凤纹。口径18厘米，底径13厘米，高29厘米。"泰和重宝"钱39枚（M5）。出土于龙凤罐内。篆书，对读，边郭略窄，制作精细。直径4.6厘米。磁州窑瓷碗1件（M5）。出土时扣于龙凤罐上。敞口，圆唇，弧腹，圈足外撇。口径18.3厘米，底径7.1厘米，高8.5厘米。

据《金史》及金《图经》记载，"亮（即海陵王完颜亮）寻毁其寺，遂迁祖、宗、父、叔，改葬于寺基上"，"又将正殿元位佛像凿穴，以安太祖、太宗、德宗"。文献所载太祖是指金太祖阿骨打；宗，为太宗吴乞买；父，乃海陵王之父德宗宗干。据此可知，在九龙山主峰下，阿骨打陵寝（M6）两侧应该还有太宗恭陵和德宗顺陵的陵寝。又《日下旧闻考》卷一百三十二记载，"云峰山金帝陵，本朝顺治初，特设守陵五十户，每岁春秋致祭，享殿前碑亭恭勒世祖章皇帝御制碑文，圣祖仁皇帝御制碑文。乾隆十六年，皇上命葺金太祖、世宗二陵、享殿及缭垣……"

今遗址内尚存清代修葺的金太祖陵大宝顶和金世宗小宝顶及宝城。大宝顶前约15米是金太祖阿骨打睿陵地宫，金世宗兴陵的地宫应在清代小宝顶附近。而睿宗墓碑的出土，证明金睿宗（世宗父完颜完尧）景陵也应在此主陵区内。若按古代昭穆制度，景陵位置应在兴陵的东侧。

通过文献记载，结合考古调查，尤其是对部分重点遗迹的试掘和清理，不仅提供了大量金代陵寝制度的实物资料，同时也丰富了我们对金代帝陵陵寝结构和平面布局形制的认识。关于金帝陵如恭陵、景陵及兴陵等的具体情况，还有待于今后进一步的考古实证。

金代墓葬

长沟峪金代石椁墓地

位于房山区西北，南距周口店龙骨山 4 公里之长沟峪北猫耳小断头峪西山坡上，墓地由 5 个石椁组成族葬墓。3 个为东西向，2 个为南北向。石椁均由 6 块整青石板两面磨光厚 10 厘米至 15 厘米构筑。正中石椁长 2.9 米，宽 1.38 米，高 1.26 米。结构为墓坑底放石椁板，四框立于椁底板上，用单榫结合，椁盖板盖在上板。另外 4 个石椁形制基本相同。正中椁室置棺 1 具，长 2.20 米、宽 1.25 米、高 0.95 米。棺外涂红漆并用银钉嵌錾花银片，棺前壁图案为四角卷叶纹。中嵌火焰宝珠，火焰上部用绿色织锦剪成圆片贴在红漆表面上，棺两侧为四角卷叶纹中嵌行龙及卷草，行龙上部也用绿色织锦剪成圆片贴在红漆表面上。所有图案边缘都以银钉钉合，显出银珠嵌边的效果。錾花工艺精美，图案造型浑厚有力。随葬器物有双股玉钗、玉镯、玉环、凤形玉饰件、透雕折枝花玉锁等 11 件及丝织品残片，棺内有大量水银，该墓位于金陵范围内，应为金陵陪葬墓。

窝鲁欢墓

1979年，在门头沟区南樱桃村发现金窝鲁欢（宗隽）墓志。据查，该墓志系10余年前，在仰山窝鲁欢茔地出土，其墓为一椁一棺，是石椁木棺，志置棺前椁内。石椁系用汉白玉制成，椁中部有洞，为早期被盗，棺木已朽，未见他物。

墓志为青石刻成，缺盖，高51厘米，宽41厘米，厚2厘米，佚书者。正书，九行，行10字至15字不等。字迹秀润，效法柳体，文笔简练，全文113字。兹录全文如下："大金故太保衮国王墓志：公讳窝鲁欢，姓完颜氏，乃太祖大圣武元皇帝第八子也，妣钦宪皇后纥石烈氏，后为东京留守，是年卒也。至今年六月，奉圣旨于上京迁灵骨还中都仰山，赐钱重葬。大定二十一年，岁次辛丑十二月癸卯朔，十九日辛酉庚时掩闭，女妙行大师赐紫尼志达撒鲁谨志。"

《金史·太祖诸子传》记载："宗隽，本名讹鲁观。天会十四年，为东京留守。……二年（天眷），拜太保，领三省事，进封衮国王。"史与志相合，讹鲁观，窝鲁欢，音译字异，当以志作"窝鲁欢"较确。志称，窝鲁欢为"太祖大圣武元皇帝第八子也"，与《大金国志·太祖本纪》载："国主有子八人……八曰阿骨保邢王也"，记载太祖的有子数同，但人名有歧。墓志称，窝鲁欢"妣钦宪皇后纥石烈氏"，与《金史·太祖诸子传》记载相同。由此观之，窝鲁欢（宗隽）为太祖第八子，可信有征。

墓志记载，大定二十一年（1181）"六月，奉圣旨于上京迁灵骨还中都仰山，赐钱重葬"。是金世宗把窝鲁欢（宗隽）的尸骨从上京迁到中都，葬在仰山，实际上是为宗隽昭雪，同时可以认为《金史·熙宗记》记载天眷二年（1139）"七月辛巳，宋国王宗磐、兖国王宗隽谋反，伏诛"，系宗干、希尹、守弼等人制造的一起冤案，至世宗大定二十一年为其平反。有鉴于此，墓志中没有记载有关宗隽所谓"谋反，伏诛"之事。这反映了金王朝上层统治集团对侵宋政策上存在深刻分歧，以及统治集团内部的矛盾与斗争。窝鲁欢墓及墓志被发现，填补了《金史》等记载之缺，为研究宋、金关系史提供了极有价值的实物资料。

乌古伦元忠夫妇墓

发现于丰台区王佐乡米粮屯村北约百米的台地上。1981年11月清理发掘。元忠夫妇墓为汉白玉石椁石棺墓，东西向。椁呈长方形。石椁四壁各由两块汉白玉石板构成。墓四角用汉白玉凿成"S"形卡住置于两侧之椁板。从墓内看，椁四角分别直立4根长方形石柱。椁板长3.5米，宽2.64米，厚0.16米，高1.91米。

石棺为长方形，素面。棺四壁用凸凹状榫卯相连。石棺六面均由单块汉白玉板构成。只有棺底每边大出0.03米。棺长2.74米，宽1.4米，高1.08米，厚0.12米。棺盖已碎，尺寸不详。石棺置于棺床之上。棺床是一整块汉白玉板，用砖架起。棺床长3.5米，宽1.64米，厚0.13米。

元忠夫妇墓毁坏严重，墓盖已碎，两盒墓志乱放于墓室西南边，墓内填满乱石碎瓦及建筑构件。鲁国国大长公主墓碑及元忠碑之一角及碑座均被填于墓内，另有一石狮也被打坏填于墓内。所出器物仅1枚圆廓方孔压胜钱及2枚碧玉质围棋子。

元忠夫妇的两方墓志详细记载了夫妇二人生平事迹，为不可多得的文字史料，可补正史之不足。

通州区金代石椁墓

石椁墓有两座，位于通州区城南1公里、三间房村西400米砖厂范围内的高坡上。两墓相距5米。1975年8月砖厂取料推土时发现，经北京市文物管理处会同通县有关部门清理，确认为金代宣威将军石宗璧及其妻之墓。

石宗璧墓的石椁由六块带卯榫的青石板构成，长1.78米，宽1.10米，高1.06米，呈长方形。椁石厚度不等，最薄0.06米，最厚0.14米。内侧用剁斧加工成斗栱方形花纹，合榫接缝均用石灰勾抹。椁盖距地表深0.8米，原土坡高约3米。

墓内出土器物20件。器物中有泥质灰陶盆、鏊锅、釜、鼎、铛、钵和小罐；瓷器有鸡腿瓶、耀州窑单耳洗、定窑的葵瓣碗、瓷瓶、刻花盘、素小杯、素碗、素小碟等；还有铜镜及唐、宋、金代铜钱84枚。石椁内大理石质墓志一盒。志石尺寸为61厘米×60厘米×9厘米。楷书志文首为"大金故宣威将军河东路第一将正将兼知大和寨事上骑都尉武威县开国子食邑五百户石公墓志铭"。

据墓志，石氏生于辽天庆四年，即北宋徽宗政和四年（1114），于金大定十五年，即南宋孝宗淳熙二年（1175）卒于汾州大和寨（今陕西省北部佳县一带），大定十七年（1177）葬于今通州区。椁内有骨灰痕迹，系火葬墓。

另一墓石椁形制相同。椁底四角各置鹅卵石1枚，正中有板灰痕迹及毡毯残片，系木质骨灰盒及其朽毁的袱套。出土器物有瓷瓶、罐、盘、碗、杯、银簪、鎏金铜环、镶宝石金坠饰（经火）、铁剪刀、骨梳等共44件，另有唐、宋代大小铜钱共124枚。所出瓷器的时代两墓大体相同。从此墓骨灰内发现经火焚变形的银簪、金饰等推测，墓主应为女性，似为石宗璧的家属。

北京地区的金代墓葬屡有发现，但完整而有墓志的较少。这两座墓葬未经盗扰，并有确切年代，墓葬和志文为研究金代边铺、军事制度、社会经济状况，以及对北京地区这一历史时期的葬制和金代定窑瓷器断代，丰富通州地区的历史提供了实物文字资料。

金吕徵墓

1991年底，在金中都南城垣护城河岸（今凉水河）距现地表2米至4米的淤沙层中，发现了一座金大定七年（1167）的墓表。墓表为汉白玉质地，由底座、表身和顶盖三部分组成，通高265厘米。底座为凸字形方座，边长85厘米、高24厘米；表身呈方柱形，边长56厘米、高109厘米；顶盖刻成四阿重檐，每层檐各用一块石料雕成，分别高22厘米，上檐边长77厘米，下檐边长90厘米。表身四面镌刻楷书表文，每面8行，漫行27字，首题篆书"吕君墓表",下刻"朝散大夫行太常丞兼户部员外郎蔡珪篆""承务郎行大兴府宛平县主簿任询撰并书"两行字。

墓主吕徵,《金史》失载。据表文知吕徵字良弼,世居燕地,号称豪族,娶赵氏,生二子。吕徵一生曾从军戍守镇阳,刘予主政开封,被延为上宾。金太宗皇子原工宗本留守京都时,吕徵也在其门下。金世宗大定初年,国库匮乏,吕徵曾捐钱千万,为自己和儿子谋取爵位。大定七年(1167)四月六日病逝,亨年58岁,由此可知,吕徵当生于辽天祚帝乾统九年(1109)。

墓表篆题人蔡珪,字正甫,丞相蔡松年之子,金天德三年(1151)进士,知识渊博,通古文,历任编类官、翰林修撰同知制诰,大定十四年(1174)在山东潍州任上病逝。蔡珪遗墨传世不多,篆书尤为罕见,此表虽只4字,也称珍贵。撰书表文的任询是金代著名的书法家,《金史》有传。任询,字君谟,号南麓先生,金易州军市人(今河北易县),正隆二年(1157)进士,大定七年(1167)书墓表时,任承务郎行大兴府宛平县主簿。64岁退休,家藏书画数百轴,日夕展玩,70岁卒。其书法造诣颇深,《金史》称"当时第一"。吕君墓表共864字,为其楷书力作,用笔源于颜真卿。

窝论墓

乌古伦窝论墓,位于丰台区西南与房山区交界处的米粮屯村。1980年5月发现并清理了该墓。窝论墓为长方形石椁墓,东西向,石椁长 3.33 米、宽 2.55 米、高 1.65 米。石椁四壁由四块完整的青石板组成，以凸凹状单卯榫相连接，底和盖均由三块青石板条组成，石条之间以搭口相接，青石板厚 13 厘米至 17 厘米。在顶盖西部，放置墓志 1 盒。墓早年被盗。椁室北部有一青石棺床，用砖架起，高 10 厘米，棺床上放置长方形漆木棺 1 具，长 2.3 米、宽 1.3 米、高 1.3 米。棺木已朽，残存 3 厘米厚的朽痕及部分黑白及描金的漆片，棺的南北各发现铁棺环 3 个，棺内发现玉环 1 件，花鸟玉佩饰 1 件，荷叶双龟玉佩 2 件及散乱的火化骨灰碎块。

椁室南部发现的随葬品有：鸡腿瓶 2 件、耀州窑耳洗 2 件、碗 2 件、影青瓷盘 1 件、白瓷小盅 2 件、葫芦状浅青灰色执壶 1 件；岫岩玉石盆 1 件、岫岩玉石盒 1 件、五层奁盒 1 套、四层奁盒 1 套、小粉盒 9 件、汉白玉质八卦炉 1 件、瓜棱盒 1 件。

墓志 1 盒，志盖呈盝顶形，边长 93 厘米，上有金代著名书法家党怀英篆盖"大金故金紫光禄大夫乌古论公墓志铭"，志文为李晏撰、邓俨书丹，窝论为女真乌古论部人，其子四人，均为金朝官吏，其四子元忠尚金世宗女鲁国大长公主，官居尚书右丞相驸马都尉任国公，是窝论家族中最显赫者。窝论在大定二十四年（1184）自涞州迁葬于今丰台米粮屯，志文曰："改葬于大兴府良乡县西北乡永安村之原。"

海淀区南辛庄金墓

1985 年初，在海淀区四季青乡南辛庄发现该墓。墓距地表 1.7

米,为南北向长方形竖穴土圹石椁墓。石椁四壁及底、盖采用整块青石板组成,四角以榫相接,石椁长2.43米、宽1.36米、高1.2米。椁内有一木棺残痕。墓随葬器物有:绿釉刻花瓷枕,定窑刻花盘、碗、葫芦形水注、胭脂盒、罐、碟、盆、陶砚、万字纹铜镜、木梳、木篦、盒等。其中定窑葫芦形水注及黑定小盏较为精美。

平谷区金墓

1984年在平谷区洵河东岸,距县城3公里处的县金属公司院内,发现一座金代石椁木棺墓。墓为东西向,石椁外长2.7米、宽1.2米、高10.4米、厚0.12米,木棺已朽。随葬品有:瓷器26件,其中较重要的有黄釉单耳洗、双鱼盘等。玉饰4件、铜镜1件,铜带钩、铜簪各1件以及残漆器碎片。铜钱33枚,均为宋钱,有"淳化"(宋太宗990年至994年)年号。墓志置于石椁盖上,志石漫漶,志文难以通读,仅辨认墓主"巨口"卒于"金泰和三年十月"。"泰和"为金章宗年号,"三年"为1203年。

天坛公园金墓

1959年夏,在天坛公园圜丘坛西南约500米,墓顶距地表约0.5米。墓砖分绳纹、粗沟纹和素面三种。墓平面呈圆形,穹隆顶,墓门向190度,墓壁砖为一铺一立,顶部逐渐收敛,墓室两壁高80厘米处,立有卧砖半块突出墙面。墓门顶作拱券,封门砖，上部平铺，下部两层立砖，一层平铺，最下一层为立砖，均用泥抹缝。墓室圆径1.9米、通顶高1.8米、门高1.1米、门宽0.74米，墓室后半部有弧形土台棺床，高约10厘米、纵长90厘米，以木匣盛骨灰。出土铜钱、陶剪、小瓷罐、瓷水注、陶灯、三足锅、三足盘、六錾釜、执壶、盖罐、盆、碗、碟、勺均为陶明器。釉陶盘1件，釉青黄内印莲瓣纹；北宋钱13枚。应为金早期火葬墓。

门头沟区金墓

1990年11月，门头沟区大峪育新小学建筑工地揭露一座金代墓葬。墓葬为砖结构单室，方向190度，由墓门墙和墓室两部分构成。墓门墙为雕砖仿木建筑，通高2.96米、面阔2.80米、厚0.56米，最上面是瓦垄檐椽；有三组斗栱，封门墙下部分中为墓门，两侧为浮雕立柱。墓门高1.42米、宽0.74米，在1.02米处起券，甬道长0.76米（包括封门墙厚度），在甬道内端码放沟纹砖，将甬道封堵。

墓室平面呈圆形，内直径3米、通高2.80米、穹窿顶高约1米，墓室铺地砖错缝纵向排列，墓壁墙基三层为顺卧平砌，其上再以一立一卧修成墓壁主体。墓室中部偏为北长方形砖砌棺床，东西长1.14米、南北宽0.76米、高0.32米，由两排六列纵卧的6层沟纹砖砌成，棺床前0.14米处有小砖台，由四块砖纵向并列的沟纹砖平卧码放而成。

墓室四角饰四组立柱和斗栱的影作仿木结构。北部两柱相距

1.75 米，现南部两柱距离均为 2 米左右，立柱高 1.1 米，此外两立柱上的斗栱之间还设一组斗栱。穹隆顶部第三层砖处，设有 12 个等距离由整砖雕成的莲花单瓣，四组立柱，斗栱将墓壁分为四部分，每部分均有壁画和影作砖结构装饰。

墓门两侧各绘一门吏。北壁正中饰一影作屋宇形状，由两柱、三组斗栱构成，通高 1.5 米，制作较精细，但屋门绘制潦草。墓室西壁与北壁相同，亦为同形屋宇影作，影作两侧绘有壁画，北侧绘男性侍者，南侧已剥落。东壁是墓主夫妇宴饮图，脱落严重，几不辨人形，其中一桌两椅影作，椅通高 0.75 米，座面高 0.44 米、宽 0.37 米，桌通高 0.43 米、宽 0.52 米。桌面与桌腿均有雕花，椅上绘墓主人夫妇及身后侍者，均脱落严重，北侧侍者扶持一影作灯盏。

墓室顶部原有壁画，已全部脱落。随葬品：白瓷碗 5 件，陶制明器一组（包括饰彩塔式罐 8 件、三足鼎 2 件、陶盆 9 件、短柄水盛 2 件），铜钱 10 枚（为熙宁、大观等年号）。该墓无墓志及题记，据形制分析应为金墓。

元大都时期

　　从元代开始,北京(当时称大都)成为多民族大一统的国家首都。由于元朝统治时期的中国是当时世界上最强大最富庶的国家,声誉远及欧亚非洲,遂使大都成为当时世界文化、商贸交流的中心之一。通过考古勘查和发掘,明确了元大都城垣的形制、位置与范围。此外,在后英房胡同、西绦胡同等地方发现了规模不等的住宅遗址。元大都遗址中出土了大量遗物,包括瓷器、陶器、石器、玉器、铜器、铁器、漆器等。北京发现的元代墓葬近百座,大体可分为砖室墓、砖圹墓、石室(板)墓和土坑墓等几大类别。

元大都遗址

元大都城遗址，位于北京市旧城的内城及其以北地区。始建于元世祖至元四年（1267），初称中都，至元九年（1272）定名为大都。元大都城规划整齐，布局严谨，为当时世界著名的都城；其城市规划在中国封建社会后期的都城发展中占有重要的地位，并直接为明清北京城所继承。对元大都城址的勘察和发掘，也是中华人民共和国成立以来北京地区的主要考古收获之一。

经过几年的努力，先后勘察了元大都的城郭、街道和河湖水系等遗迹，发掘了10余处不同类型的居住遗址和建筑遗迹，出土大量器物等生活用品。在此基础上，对元大都的平面规划作了

元大都城垣遗址

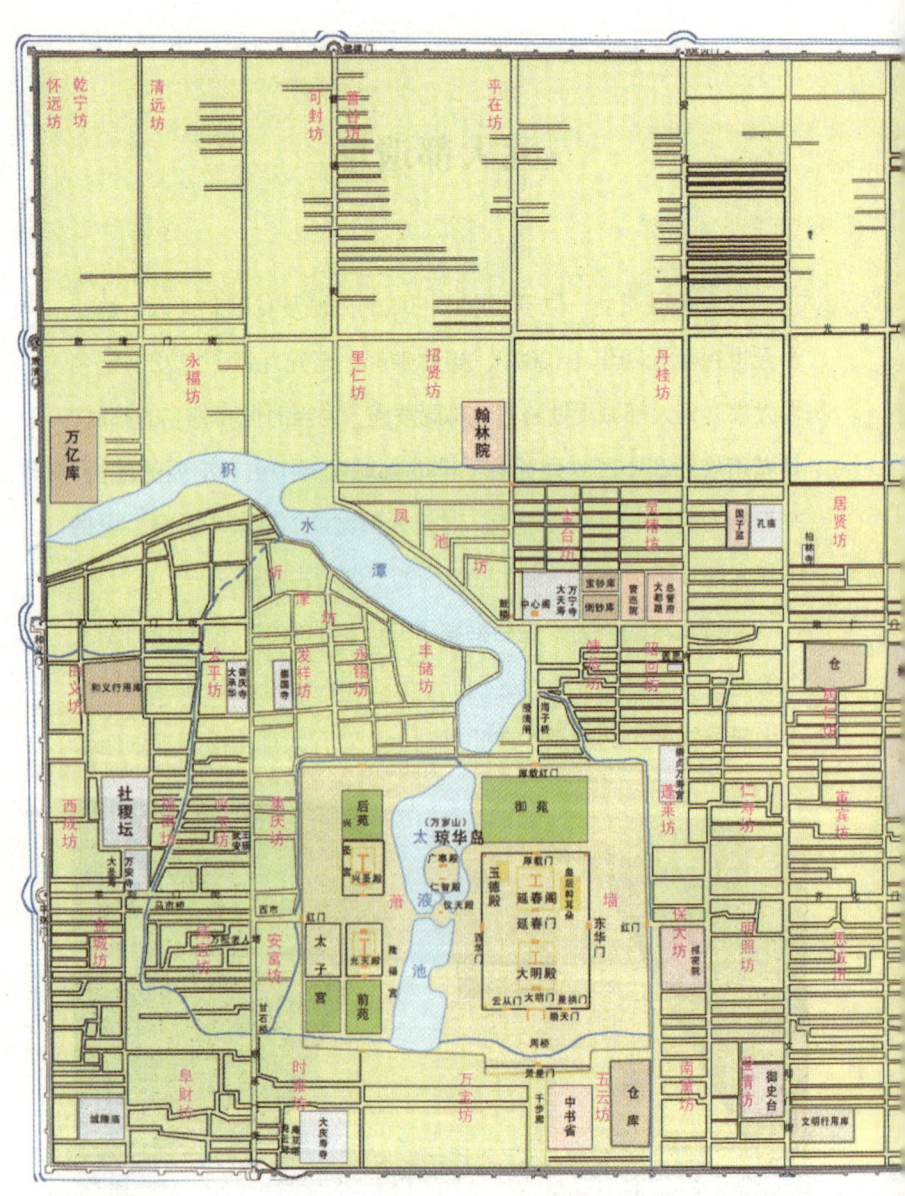

元大都城

复原。元大都平面略呈长方形，经实际勘察，南北长7600米，东西宽6700米，周长28 600米。其南城垣在今东西长安街稍南，东、西城垣即明、清北京内城的东、西垣，北城垣在今安定门小关和德胜门小关一线，夯土城垣仍残存于地面上。城墙全部用土夯筑，基部宽24米。墙体向上有明显收分，同时在修筑城墙时在夯土中使用了"永定柱"（竖柱）和"纴木"（横木）。

为保护土墙防止雨水冲刷，初以苇草覆盖；后为解决排水问题，在西城墙顶部发现有长300米的专供排水的半圆形瓦管。通过对肃清门、光熙门两座城门的基址钻探，发现城门地基夯筑得很坚固。城门建筑曾被火焚毁，原来可能是"过梁式"木构门洞。在城门的四角还设有角楼。今建国门外南侧的古观象台就是元大都的东南角楼的旧址。城墙外部等距离地建有"马面"，其外有护城河环绕。1969年夏，在拆除西直门箭楼时发现和义门瓮城门的遗址，门洞内在青灰皮上划刻有题记，证明其为1359年建造。城楼建筑已被拆除，只余城门墩台和门洞。城门残高10.7米，门洞长9.92米、宽4.62米，内券高6.68米，外券高4.56米。楼上尚存有向城门上灌水的石箅子等灭火设备，墩

元大都和义门瓮城遗址（摄于20世纪70年代）

台上建有面阔三间、进深三间的城楼。门额、梁枋等均被拆去，仅留下木门两侧的"门钻石"和半圆形铁鹅台。

　　皇城和宫城的范围也已探明。皇城位于城南部中央地区，俗称"阑马墙"，墙基宽约3米。东墙在今南北河沿西侧，西墙在今西皇城根，北墙在今地安门南，南墙在今灵境胡同东口至南河沿南湾子一线。宫城偏在皇城东部，宫城南门为崇天门，约在今故宫太和殿的位置上；北门为厚载门，约在今景山后街。宫城墙基经勘探残存最宽处约16米。

　　元大都中轴路即宫城中央的南北大路，在今景山北墙外发现其南北大道的遗迹，宽达28米。从而证明了元大都的中轴线与明清北京城的中轴线相沿未变。在元大都的东北部发现街道的遗迹，在南北向主干道的东西两侧等距离地排列着许多东西向的胡同，大街宽约25米，胡同宽约6米至7米。现在北京内城一些

元大都城垣遗址新貌

街道和胡同，仍可以反映出元代街道布局的旧迹。

元大都有两条水道：一条是由高梁河、海子、通惠河构成的漕运系统；另一条是由金水河、太液池构成的宫苑用水系统。漕运水系的高梁河由和义门以北入城，汇入海子；再经澄清闸海子桥往东折向南，沿皇城东墙流至丽正门东水关到城外后转向东，抵达今通州。在皇城东北角处的通惠河宽27米左右。

金水河是从和义门以南约120米处的北水门入城。入城后，转向东南，流到今北沟沿而南折，经马市桥、前泥洼、后泥洼到甘石桥至灵境胡同。在此分为两支，一支向北流，经毛家湾，在皇城西北角处折而向东流入今北海；另一支则一直向东流，穿过今府右街，进入中海，再经过元宫城前流出，与通惠河水汇合。这是专供宫廷用水的水系。值得注意的是，20世纪70年代初期在西单北大街灵境胡同西口外发现甘石桥旧址。桥身南北向，全长38米，结构为单拱弧面，桥西错缝顺铺青条石，石桥下是一条东西偏北的沟渠。沟底用大长条砖平铺，沟身亦平铺顺砌长条形砖。此为民国初年以皇城砖筑之大明濠，经钻探沟底砖面下和沟身两侧均有黑色淤泥，证明沟渠和石桥是在元代旧水道基础上筑造的。

元大都的排水系统亦相当完整，在今西四西大街路北，发现了元代南北主干大街的排水渠。它是用青条石砌筑的明渠，渠宽1米，深1.65米，在通过平则门（今阜成门）大街路口处，顶部覆盖着青条石。渠内石壁还留有"致和元年（1328年）石匠刘三"的题记。在大都城的北城墙西段的夯土墙基下，还清理了一处石砌排水涵洞。它是在夯筑土城前预先构筑的，涵洞底部和两壁均用石板垒砌，顶部用砖起券，洞身宽 2.5 米，长约 20 米，石壁高 1.22 米；涵洞内砌出入水口，并在涵洞中心部位装置着一排栅栏，整个涵洞的做法与《营造法式》相吻合。东西墙水窦已拆除。北垣水窦现存，位于今海淀区花园路以东、元土城北垣西段上，结构与西垣水窦相同，1957 年列为北京市第一批文物保护单位。

元代水利设施遗址

张家湾漕运码头遗址

张家湾在北京东南 30 公里，通州区南 6 公里。古时，潞河、富河、浑河、里河交汇于此，水势环曲、石桥四布。辽建燕京后曾经此运兵输粮，春季潆阴狩猎，曾驻跸于此；金建中都，潞河通运，此处已成重要码头。元世祖至元三十年（1293），通惠河疏凿告成，此处成为水陆要津，时因有漕运总督张瑄（万户）督海运驻此，故名张家湾。明中期通惠河失于修浚，凡南北客货须经运河者，必停此处。嘉靖六年（1527）疏浚通惠河，漕船经此直达通州。通州八景之一"万舟骈集"即指此。此处建有"通济仓"、皇店、宝源与吉庆二榷税、通判都司、巡检司及盐仓批验所等官署。

明代通运桥与张家湾古城墙遗址

立有皇木厂、木瓜厂、盐场等库,遂形成三村名(木瓜厂今称瓜厂、盐场今称盐滩);四方盐商来往,百货丛集,形成西店、长店(今张家湾镇)两个村庄。

白浮泉遗址——九龙池

白浮泉遗址位于昌平区城南2.5公里龙山(又名"神山",为土石山,直径约200米,高150米)。整个小山林木茂密,明洪武年间(1368—1389)在山顶建"都龙王庙",南麓山下建寺"下寺",为祭祀、祈雨之用。

白浮泉又名"龙泉"。元郭守敬引白浮水西折过双塔、会榆河、一亩泉、玉泉诸水经瓮山泊至京城西北水门入大都;汇海子,过城,水出南门,至通县(今通州)入白河,全长80余公里,当年在白浮泉头修建水池围水,出水处有青石雕刻的九个龙头,水从龙嘴喷出,取名九龙池。龙口喷水溅出水花如玉珠,有"九龙戏水""九龙喷玉"之称;现已部分修复,但泉水已干涸,无水可喷。1990年列为北京市第四批文物保护单位。

白浮泉遗址

西直门(元代和义门)水涵洞遗址

西直门(元和义门)水涵洞遗址,位于西城区西直门北段的夯土墙基下。水涵洞是在夯筑城墙之前预先构筑的,涵洞的底和两壁都用石板铺砌,顶部用砖起券。洞身宽 2.5 米,长 20 米左右,石壁高 1.22 米。涵洞内外侧各用石铺砌出 6.5 米长的出入水口,整个涵洞的石底略向外作倾斜。在涵洞的中心部位装置着一排断面呈菱形的铁栅桩。栅桩间的距离为 10 厘米至 15 厘米。石板接缝之间勾抹白灰，并平打了许多"铁锭"。涵洞的地基则满打"地钉"（木橛），在"地钉"的榫卯上横铺数条"衬石枋"，然后即将地钉榫卯间掺用碎砖石块夯实，并灌以泥浆。在此基础之上，铺砌涵洞底石及两壁。整个涵洞的做法，与《营造法式》上所记的做法完全一致。特别是用"铁锭"、满打"地钉"和横铺"衬石枋"等做法，是宋元以来常见的形式。

瓮山泊西堤遗址

1991年初，颐和园昆明湖进行240年来首次大规模清淤工程。在施工中对昆明湖底的文化遗存进行调查，发现了湮没于昆明湖底的古代瓮山泊西堤遗址，并发现许多金代文化遗存。这些发现，

西堤

对于澄清瓮山泊西堤位置，深入研究北京水利史具有重要价值。

金代为解决中都漕运和苑囿用水的短缺，开始由瓮山泊向中都引水。元代，郭守敬主持修筑白浮堰引水工程，将昌平的白浮泉水导入瓮山泊，再向东南引至高粱河上源，以济大都漕运。为此，在瓮山泊至麦庄桥（今蓝靛厂东南）附近筑起十里长堤；因地处京城之西，故被称为"西堤"。清乾隆十四年（1749），将瓮山泊疏浚拓展为昆明湖，西堤在昆明湖中的一段被拆除，仅存一段也淹没于湖泥之下。

此次发现的堤坝遗址，位于昆明湖南湖岛（龙王庙）西北角向西偏北约20度至30度的方向，向西北方延伸至距玉带桥东约150米处转向西偏北约45度方向延伸，并在玉带桥东北约100米处与今昆明湖西堤汇合，全长600多米。在堤坝遗址的中段，距南湖岛约200米处有一段100余米长的遗址向南突出约30米；其突出部分呈梯形，顶边长约80米，形似城垣之马面。在其东面不远处，有一条大道遗址由堤坝遗址伸向排云殿前的昆明湖北

昆明湖清淤（1991年）

岸附近。堤坝遗址，以石块和木桩构成，并伴有少量砖块和荆笆遗迹。桩迹最近者0.6米，木桩直径约0.12米，残长0.8米至1米，石块相当于砌墙虎皮石大小，并杂有元代砖块。

在石舫以南，堤坝遗址以北，豳风桥以东的大片区域内，还发现许多金代文化遗存。其最集中的地点在石舫以南约100米到300米处，散布不少陶器碎片和金代沟纹砖块及定窑瓷片等，似为一处聚落和墓葬遗迹。

西堤遗址的发现，有助于澄清瓮山泊西堤位置的争议，也对北京水利史及西郊园林发展史的研究提供了重要依据。

元代墓葬

东城区吕家窑元斡脱赤墓

斡脱赤墓位于东城区龙潭湖迤北吕家窑村，今北京工艺美术研究所院内。1963年发掘，为土圹石室，墓室平面长方形，由墓室和甬道组成，全长6米，墓室长2.7米、宽1.12米、高1米。墓室四壁各用1块大理石板构筑，石板厚25厘米。墓底平铺5块宽度不等的石板。墓顶用青石板封盖。墓室南接甬道，长3.5米、宽1.92米、高1米，全部用长方形砖错缝平铺砌就。

墓内未发现木棺和人骨，仅在北端发现一座神道之位碑。神道之位碑原靠北墙放置，出土时已倒于东侧，应是盗墓时推倒的，碑面刻楷书"大元忠遂国公神道之位"，知为铁可之父斡脱赤的衣冠冢。随葬品以瓷器为主，有壶、匜、玉壶春瓶、盘、碗及碎陶片。

东城区吕家窑元铁可墓

铁可墓位于东城区龙潭湖迤北吕家窑村，今北京工艺美术研究所院内。其结构为石椁木棺墓，南北宽2.6米，东西长3.9米、高1.1米。四壁用青石板垒砌，室内设二道石板隔墙，厚20厘米至28厘米，将墓室分成东、中、西三室，室内各置一木棺。每道隔墙的北端均凿券形门洞，高60厘米，宽40厘米。墓底用大小不等的青石板平铺。墓顶用等宽的九块青石板覆盖，每室三块，自南而北，作曲尺口垒压式放置。

墓顶部发现有盗洞。西室木棺、人骨已无存，随葬品仅1件瓷罐完整，余皆破碎。中、东室尚存木棺残块。中室木棺残长160厘米、宽45厘米。东室木棺长约190厘米，宽约80厘米，其下放置三道等宽的铁箍。中室、东室木棺内尚存头骨和少数肢骨。经鉴定东室木棺内为女性头骨；中室两个头骨，南侧为男性，北侧是女性，其女性头骨疑是盗墓时移置在此。中室南端出土铁可墓志，志文载："夫人冉氏、张氏。"可见此墓是三人合葬，铁可葬于中室。此墓早年多次被盗，室内随葬品大多破碎，原来位置被移动，经整理计有文物90余件，铁可墓志1盒，均由首都博物馆收藏。

铁可,《元史》《新元史》有传。或写作铁哥、贴哥、贴可,应以墓志中的"铁可"为是。他的一生事迹,志文与史传符合。铁可于定宗三年(1248)生于山西浑源(今山西大同),是中国籍巴基斯坦人,姓伽乃氏,先世就是迄失迷儿贵族,笃信佛教。父斡脱赤,于元太祖十七年(1222)大军西征时,偕弟那摩东奔投元,给元军西征在政治、军事上起了不可估量的作用,为元初勋贵。那摩做了国师,总天下释教;斡脱赤封万户,娶汉人李氏做妻子,于宪宗元年(1251)回伽叶伊弥遇害,故今龙潭湖吕家窑村发现的斡脱赤墓是他的衣冠冢。铁可于元皇庆二年(1313)夏四月"葬大兴县大师庄先茔之兆"。

朝阳区小红门张弘纲墓

张弘纲墓位于朝阳区永定门外小红门,为长方形砖室券顶合葬墓,坐北向南,由墓道、墓门、甬道、墓室四部分组成。墓门至墓室北壁长3.8米,墓室宽4.6米,残高1米。墓道位于墓门南端,现存0.5米,向南已夷为平地。墓门顶部已毁,门内侧用长方形砖立砌封堵,门外侧发现张弘纲墓志1盒。

墓室平面横长方形,长4.5米、宽3米,主室北侧设棺床,其上并排二具青石凿刻石棺,长1.13米、宽0.8米、通高0.8米。东耳室置木棺,发掘时木棺和人骨已散乱。该墓曾被盗掘,出土遗物20余件及墓志1盒。

墓主张弘纲,东安州常伯人,为元初辅佐忽必烈的重臣。生于太宗九年(1237)四月,卒于大德五年(1301)十二月,年65岁。《元史》《新元史》《元史类编》中的张禧传均附张弘纲传。记载史实大多与墓志相合。大德九年"葬大都南二十里中疃先茔之兆",即今永定门外小红门一带,元属中疃村。

墓志书丹为赵孟頫,《元史》有传,是元代著名书法家之一。此志书于大德年间(1297—1307年),是赵孟頫书法的中期阶段。字体峭劲秀丽,其苍劲处虽不及晚年笔墨,但其凝神精到处,却是晚年所不及,是一件不可多得的书法艺术珍品。

耶律楚材墓

耶律楚材墓位于颐和园昆明湖东岸北面,墓和祠堂共建于一小庭院中。院门西向,面对昆明湖,墓在后院,墓罩于北房三间内;祠堂也是三间,筒瓦硬山箍头脊,里面供奉耶律楚材泥塑像。祠堂对面有高3.1米的石碑一座,碑阳为乾隆十五年(1750)御制《耶律楚材墓碑记》,碑阴为大学士汪由敦撰《元臣耶律楚材墓碑记》,院内东侧立有从湖中捞出的石翁仲一。

耶律楚材(1190—1244),字晋卿,契丹族,元时辅佐成吉思汗、窝阔台父子三十余年,长期任中书令,死后谥文正,追封广宁王。陵墓在明代时被覆盖,清初修造清漪园时,于原地恢复了祠墓,并立碑记其始末,昭其功德。现存的祠墓是光绪年间按原状重修的。

耶律铸夫妇合葬墓

1998年9月，在北京颐和园新建地下文物库房工程施工过程中，发现耶律楚材次子耶律铸夫妇合葬墓。

该墓为正南北向，为多室砖墓，由墓道、墓门、前室、前室的东西侧室、后室及后室的两个侧室组成。墓道位于前室南侧正中，距墓门1.48米处，墓道上方并列立有圆额墓志两块，墓志外侧有砖砌墓槽。墓门位于前室南侧，门楼为砖雕仿木结构，残存砖雕斗、普柏枋、门楣、门簪，下部中间为拱形墓门。

前室及其东西侧室均为长方形砖砌穹隆顶结构。其间均有甬道相连，甬道为圆拱结构。前室2.45米见方，残高2.1米；东侧室南北2米，东西2.4米，残高2.23米；西侧室南北2米，东西2.3米，残高2.18米。三室北半部均设棺床，用3层砖垒砌，宽1.06米、高0.17米，棺床面用方砖平砌。棺椁均已朽坏，部分散落于墓室内，形制不可辨。

后室位于前室北侧，与前室间并未有甬道相通，其南壁距前室北墙外壁约1.8米。后室南壁有圆栱形门洞，宽0.94米、高1.41米、进深0.5米，用单层砖以直列人字形封堵，外侧抹白灰，保存完好。后室南北2.78米，东西2.8米，高2.9米。墓顶中央留一直径0.15米的圆孔，应为悬挂铜镜之用。东壁北侧有一近方形盗洞。在东西壁正中及四角处距墓室底面约2米高处嵌入6枚铁钉，应为悬挂幔帐之用。棺床位于墓室中后部，用2层砖垒砌，东西与墓室壁相接，南北宽1.23米、高0.14米，床面用方砖错缝平砌。棺床上置一棺一椁，棺椁东西向放置，棺椁上部被毁，朽木板散落于墓室中。各室地面均使用方砖铺地，内壁均抹白灰，未见壁画。

后室东侧并列有两个南北向的侧室，均为长方形砖石混砌券顶结构。东侧室南北长3.08米，东西宽1.6米，高1.6米，东、南、西壁均用石块垒砌，上部用砖做券顶，北面外侧有一重封门砖。墓室内方砖铺地，内壁均绘有壁画，壁画已残毁，依稀可见云朵、花草、鸟兽等图案。该室未被扰动，保存完好。西侧室位于后室与东侧室之间，其西壁紧贴后室东壁，该室结构与东侧室大体相同，南北长2.8米，东西宽1.1米，高1.38米，石板铺地。

以上各墓室分别发现残存的尸骨，尸骨均已散乱，根据墓室规格及随葬品可知，后室葬者为墓主人耶律铸，前室埋葬其妻奇渥温氏，前室的东西侧室为耶律铸的妾媵，而后室东侧的两个侧室死者身份有待进一步考证。

该墓虽早期被盗，出土的随葬器物仍十分丰富，有瓷器、陶器、银器、石器及装饰品180余件，其中汉白玉石马、石狗雕刻工艺精湛，造型生动；一组8件玉石质明器，有盘、碗、钵、盏托；陶俑48件，有手执立牌的十二时俑、捧持各类生活用器的男女仆役俑等，动物模型有龙、凤、马、骆驼等。另外，青白釉高足碗、玉壶春瓶、影青双鱼盘、"福寿千秋"双鱼铜镜等均堪称精品。

发现两块墓志，其一为汉白玉石质，下部有汉白玉石基座，为"大元故光禄大夫监修国史中书左丞相耶律公墓志铭"；另一块为"故郡主夫人奇渥温氏墓铭"。墓志记载耶律铸生于辛巳年

（1221）五月初三日，卒于至元二十二年（1285）四月十二日；其妻奇渥温氏卒于同年三月六日，七月十五日两人同时下葬。该墓西北紧邻颐和园内的耶律楚材祠，因此可以确定此处为耶律楚材的家族墓地。

海云禅师塔墓

原在西城区西长安街28号双塔庆寿寺（即现在电报大楼一带），1955年扩建西长安街被拆除。双塔在修建元大都城时，曾命"曲三十步避之"。双塔一为可庵禅师塔，塔基下为墓穴，内有骨灰没于清水之下；一为海云禅师塔，墓穴内除出土骨灰外尚有木案、石碑、织物共5种。具体为：①绣花龙袄，赭黄地，绸质，中绣黄龙彩云；②缂丝，紫色地，有黄绿相间水波卧莲及游鹅；③僧帽，棉织品，紫色地，尖顶，正方口缀白丝线锁如意形花纹及火焰形花纹；④织花残绸，酱色地，四叶形花纹（残料）；⑤丝金纻线，共四块，以织金线边唐草花纹（残料）。墓塔前有《大蒙古国燕京大庆寿寺西堂海云大禅师碑记》，为王万庆撰。碑已移法源寺内，出土文物藏首都博物馆。

怀柔区梭草村元墓

1988年，怀柔区杨宋庄乡梭草村西，发现三座元代砖室墓。墓葬位于砂质黄土台地之上。三座墓由北向南排列，间距约4米。

三座墓均被破坏,墓室已被扰乱。墓门南向,平面呈圆形,穹隆顶,拱形门券。墓室内部直径为2米、高2.1米,墓壁砌砖为五铺一立法,靠顶部为三铺一立砌法。墓室内置木棺已朽,尸体多仰身直肢葬,头东向。随葬品已移位,共5件:钧窑碗、黑釉碗、黄釉碗、鸡腿瓶、铜镜各1件。

元代壁画墓

门头沟区斋堂元墓

斋堂乡西斋堂村元壁画墓,位于门头沟区斋堂水库东北青水河畔,由北京市文物局、门头沟区文化办公室组成发掘组于1979年9月发掘。

墓室结构:墓顶距地表0.92米,墓门向南偏西15度,由墓室、墓门、墓道组成。墓室,自墓底向上1.2米处,四壁呈正方形,更上为穹隆顶,均以长35厘米、宽15.5厘米、厚5厘米单面青砖砌筑,呈南北长、东西宽各2.8米,高2.6米方形墓室。墓室北侧砌长2.8米、宽0.98米、高0.15米棺床,墓室南壁设墓门高1.2米、宽1.05米。墓内葬具和遗物严重扰乱,有残损彩绘小型木栏杆。残柏木棺两具,一棺已腐朽;另一残棺彩绘缠枝牡丹及莲花纹,棺前档彩绘幔帐。右绘男侍，戴黑幞头，再后绘有发辫，身着赭色斜领长袍，双手捧盘上置小碗；左绘女侍仅残存一半衣裙，棺后挡板残损严重，仅存莲花纹，棺附近遗有骨架两具及丝织残片，另有陶器3件。

墓室壁画十分精美，其中南壁墓门两侧和北壁保存较好。南壁墓门西侧彩绘两侍女。前者托盘盛水果，后者托盘置高足碗；女侍均梳髻、戴冠饰，着宽袖袄，下曳长裙。墓门东侧亦为侍女，大部残缺。西壁画面用树分隔成三幅，右起绘丁兰事亲故事，中间一幅绘赵孝兄弟故事，左为孝孙原穀故事。北壁正档正中绘松林楼阁图，左侧绘山林古寺图，右侧绘山阴村舍图。东壁已毁。墓顶彩绘莲花图案，中心嵌铜镜（镜已残损）。墓门内沿用墨线勾绘勾连纹图案，门洞西壁墨书"安堂斋"三字，门洞东壁墨书"乐堂"二字。壁画设色以朱砂、石绿、赭石、墨为主，兼用紫、灰等配合色；各图布局紧凑，线条精细流畅，人物形象生动。此墓没有纪年物出土，据墓结构及出土物形制及绘画服饰判断当为元代。

密云区太子务元代壁画墓

太子务元代壁画墓，位于密云区西出各庄乡太子务村村东200米土冈上，1977年村民平整土地时发现，由北京市文物管理处清理。墓为南北向，平面呈正方形，内边各长3.04米，底部顺砌长31厘米、宽16厘米、厚5.5厘米的素面青砖五层；高35厘米之墙基，以上九层砖以垒涩法逐渐内收找圆，再用十六层砖顺砌墓壁，使墓顶呈圆形。墓壁上方丁砌一层凸出的砖牙，砖牙上顺砌五层砖，然后收砌穹隆顶，顶已塌陷。墓壁残高1.83米，墓室南壁正中砌筑一宽0.8米、高1.2米券门，墓北部为棺床，砖砌外框，框内填土，上铺青石片，墓室内壁抹灰泥和白灰各一层，四壁均有壁画，以凸出砖牙象征普柏枋；普柏枋上绘"平身科一斗三升"斗栱八组，斗栱下方绘具有宋代遗风的两瓣式鹰嘴驼峰，斗栱、正心枋、正心桁均涂土红色，勾描墨线，栱眼壁间补墨绘写生花卉。砖牙下绘帷幕走水一周，墓室四隅画垂幕，北壁绘三开屏风一架，为墨绘梅花竹石图；东壁绘三开屏风一架，绘人物，冠袍男侍三人，捧物红裳侍女二人；西壁亦绘三开屏风一架，右侧凸出影作灯檠一架，画心剥落漫漶不清；南壁墓门西侧绘牡丹花，花朵设淡粉色，叶原敷绿色已褪为灰白色，以墨线勾描花叶轮廓。墓门上方绘云纹边横额，边涂赭红色，勾墨线，墨书"乐安之堂"。壁画应系民间匠师手笔，人物衣纹勾勒娴熟，花卉章法合度，垂幕线条洗练流畅，是少见的元代壁画遗迹。壁画中以花卉作为单幅画主题，此为时间较早的实例。

出土遗物："长命富贵"铜镜、白瓷经瓶、白釉黑花瓷盘、碗，属河北磁县观台磁州窑第四期后段的典型器物；此外尚有单系鸡腿瓶、双系灰陶罐、残彩绘木棺板等。根据出土遗物、壁画风格及所绘建筑结构、保留影作等特点可确定，此墓应属元代早期墓葬。

明北京时期

北京作为明朝的政治、经济、文化中心长达200多年，因此，这座古都遗留下来的明代遗存规模之大、等级之高、发展水平之先进，在全国首屈一指。明代皇城建于永乐年间，位于内城正中，整体建筑中轴对称，是我国现存最大、最完整的古建筑群。明十三陵位于北京北部的天寿山，埋葬十三位明代皇帝，是我国现存规模最大、帝后陵寝最多的皇陵建筑群。经过近百年的探索，北京地区已经成为研究明代历史的重镇，在全国明代考古学领域的地位也不可替代。

明清皇城

北京皇城建于明永乐十五年（1417），位于北京内城正中，基本上是在原元大都皇城红门阑马墙的旧址上兴建的。初建时向东南扩约 0.5 公里，宣德七年（1432）将原建皇城东墙东移至通惠渠东，将此段运粮河围入皇城界内，废止了原通积水潭之水运。

皇城周长约 12 公里，北墙长约 2460 米，正中为地安门（明称北安门）；东墙长约 2750 米，偏南辟东安门；南墙长约 1650 米，正中为天安门；西墙长约 2644 米，其南端稍向东偏斜一段，在墙正中稍偏北处辟西安门。皇城墙高 6 米，墙基厚约 2 米，墙顶厚 1.7 米，顶覆黄琉璃瓦，墙皮抹麻刀灰，刷红土。在南墙外，长安街东西各有一段南北皇城墙，隔出长安街至天安门前广场，两墙至正阳门棋盘街北端辟中华门（明称大明门，清称大清门）。中华门内设千步廊，长安街东西两侧正中有长安左门、长安右门；长安左、右门外尚有东三座门、西三座门。以上各门均属天安门之拱卫门。

1914 年在北垣西开厂桥豁口，1916 年在北垣东端开北箭亭豁口，1922 年在地安门西开北海公园后门。1925 年北垣全部拆除。地安门于 1954 年 11 月拆完，部分建筑材料移建天坛北门。

1912 年拆除长安街左右之隔墙并开南池子、南长街两豁口，

明北京时期 / 183

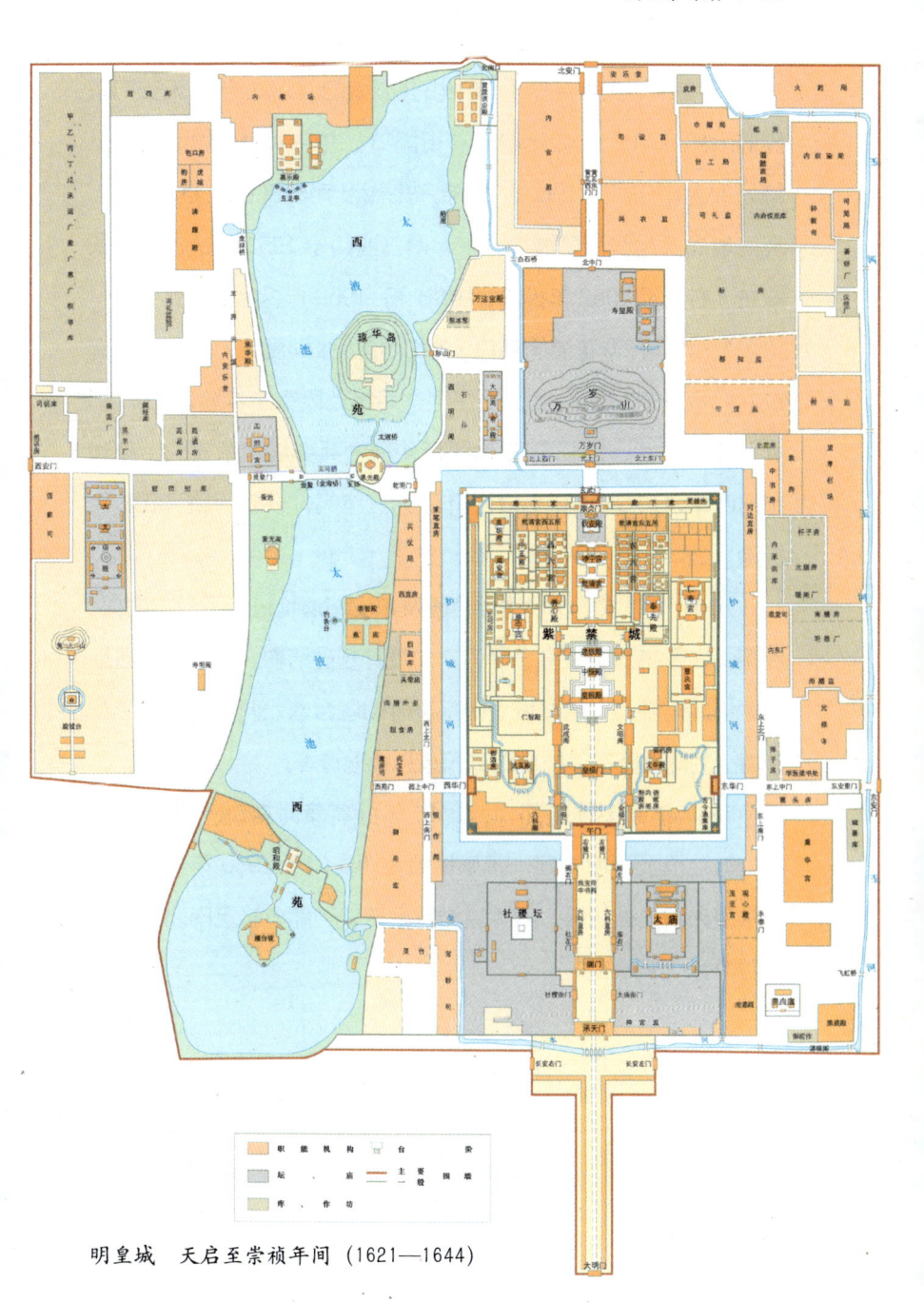

明皇城　天启至崇祯年间（1621—1644）

1915年在南墙天安门西侧辟中山公园南门，1926年于天安门东侧辟太庙南门，1913年辟府右街豁口，并在南墙西端南海宝月楼处改为新华门。1958年拆除户部街及司法部街之皇城隔墙。现南垣尚保存数段皇城墙。东、西三座门于1951年初拆除，长安左、右门于1952年拆除，中华门于1959年拆除。

1912年开翠花胡同豁口；1917年因张勋复辟，北洋政府拆东安门南段皇城墙以攻张勋住宅，后将此段完全拆除。1924年拆北段皇城墙，1912年袁世凯指使曹锟兵变烧毁东安门。原通惠河西岸之东安里门，民国初年改为三座门，于20世纪30年代拆除。

2001年对东皇城根遗址公园及东安门遗址进行了考古勘探、发掘，大致搞清了东皇城墙的走向及其基础结构。于东安门遗址发掘出砖砌墩台、皇城城墙砖基、砖砌墩台南北两道砖墙残迹及砖墙上的踩踏路面、柱础遗迹和皇恩桥遗迹等。

1917年辟枣林街豁口，1918年拆菖蒲河豁口，1924年拆西皇城北段及灵境胡同一带皇城墙。西安门于1950年冬，因清洁队用火不慎被烧毁。所拆皇城墙之砖，一部分修筑南北沟沿之大明濠，一部分流失。

明代石桥遗址

明天顺石桥

2001年8月,崇文区商业步行街施工过程中,在三里河地区清理一座石桥。从清理出来的现状推测,该桥为单孔石桥,石桥建筑结构分为两期。依据周围的地名及环境和史料《日下旧闻考》《析津志》等的记载,相互佐证,该桥应修建于明天顺年间。明正德时期铁山寺僧宗洪募捐重修了此桥。

南岗洼石桥

1994年,在丰台区南岗洼村南,市文物局对北京市公路工程公司京石高速公路三期工程进行基建考古工作。于距离地表2.5米至3米的淤土中,发现了一座保存基本完整的明末清初年间的石桥——南岗洼石桥。

该桥为花岗岩材质的五孔桥,全长44.75米,正桥面最宽处9.55米。桥孔为半圆拱形,主孔净跨3.45米,两侧孔依次为3.61米和2.8米。拱券为横联式,眉石与券脸石连为一体。桥墩与卢沟桥相似，迎水面呈舟形，前尖后方，砌成分水尖，高 1.45 米。桥下铺设海墁石。

石桥发掘出土后，桥头栏板花纹清晰如新，望柱通高 1.3 米，柱头刻垂莲，抱鼓呈卷云状。尽管望柱及栏板均向南侧倾倒，桥面、桥栏板及桥孔已损坏，显然是最后一次洪水冲刷所致，但石桥的整体结构，依然清晰可见。此桥为明末清初所建，建桥后不久遇永定河泛滥被埋没。此桥为丰台区首次发现的出土古石桥。南岗洼石桥的发现，对研究北京水系和自然环境的变迁以及古代桥梁建筑，具有重要意义。

目前，该桥已得到修复。为此，京石高速公路三期工程调整了施工方案，改线绕开此桥，使被埋没数百年的古桥重见天日，成为一处新的人文景观。该桥 2001 年被列为北京市第六批文物保护单位。

明十三陵

明十三陵，在北京昌平区北 10 公里，天寿山下（原名黄土山，属太行山系燕山余脉）方圆 40 平方公里的小盆地上。整个陵区四周有陵墙，正门开在南端，左右有蟒山、虎峪踞守，陵区因山为城，南面地势平坦，筑山陵之边墙，中建大红门，偏西有小红门，现存边墙约 12 公里。环山建 10 个边墙山口：老君堂口、灰岭口、贤庄口、锥石口、雁子口、德胜口、中山口、东山口、西山口、榨子口，除东山口外均有垣有门，砌城堞、垒水口，状类长城。10口相连环山约34公里，今城堞敌楼已不存。陵区大体由陵道和陵园组成，神路长7公里，最南端为嘉靖十九年（1540）建六柱十一楼石牌坊，北为大宫门，是陵园总门，门外东西两侧有下马碑、大碑亭，四隅分列一华表。亭东有行宫，亭北有石柱二，石象生二十四座（狮、獬豸、骆驼、象、麒麟、马各四座，均二卧二立）、石人十二座（武臣、文臣、勋臣各四座）。龙凤门（棂星门）门南向，牌坊式三门并排，联以红短墙，门北为五孔石桥，再北有七孔大石桥横跨朝宗河，过桥直达长陵陵门。各陵墓规制大体均由祾恩门、祾恩殿、明楼、宝城（地宫）组成，唯规模有大小；长陵最大，永陵、定陵稍次，其他各陵较小，思陵最简。除思陵外，十三陵都在其陵附近设祠祭署、神宫监、神马监、果园及陵卫司管理陵宫祭祀和保卫等机构。1957年列为北京市文物保护单位，1961年列为全国重点文物保护单位。

长陵位于天寿山下，是明成祖朱棣的陵墓，也是明十三陵中建筑最早、规模最大、保存较为完整的陵墓。始建于永乐七年（1409），永乐十一年（1413）建成，永乐二十二年（1424）朱棣葬入。长陵坐北朝南，占地约12万平方米。由三进宏大院落组成，陵门至祾恩门为第一进院，有碑亭立于陵门内东侧。原有神库、神厨已失存，祾恩门至祾恩殿为第二进院，祾恩殿是长陵地面主要建筑，大殿面阔九间，进深五间，总面积1955.44平方米，大架为楠木结构，有楠木立柱60根，其中32根为金丝楠木。第

长陵

三进院为明楼，建于方城台上，楼中立石碑，镌刻"大明成祖文皇帝之陵"。明楼后为宝城，周围筑有城墙长约1000米、土丘下为地宫。

献陵位于天寿山黄山寺岭下，是明仁宗朱高炽的陵墓。始建于洪熙元年（1425），翌年朱高炽葬入。正统七年（1442）陵园建筑全部完工，建制俭朴，占地约4.2万平方米。陵前有碑亭。原有祾恩门、祾恩殿，清末民初时毁坏。现存宝城、明楼。

景陵位于天寿山东峰之下，是明宣宗朱瞻基的陵墓。始建于宣德十年（1435），同年朱瞻基葬入。天顺七年（1463）陵园地面建筑才全部竣工。占地约2.5万平方米。陵左前方建有碑亭，中轴线上依次建有祾恩门、祾恩殿、棂星门、石供案、城台明楼、宝城宝顶。现存祾恩门，祾恩殿仅存台基与柱础。

裕陵位于天寿山西峰石门山下，是明英宗朱祁镇的陵墓。始建于天顺八年（1464），同年陵寝竣工，朱祁镇葬入。陵园占地约2.62万平方米。有碑亭、祾恩门、祾恩殿、城台明楼、宝城宝顶建制。民国年间，祾恩门、祾恩殿被毁，现存遗址。其他建筑保存尚好。

茂陵位于裕陵右侧聚宝山下，是明宪宗朱见深的陵墓。始建于成化二十三年（1487），同年朱见深葬入。弘治元年（1488）陵园竣工，占地约2.56万平方米。建制略如裕陵。清末祾恩门倒塌，祾恩殿于民国年间毁坏。

泰陵位于笔架山东南史家山，是明孝宗朱祐樘的陵墓。始建于弘治十八年（1505），同年玄宫落成后，朱祐樘葬入。正德元年（1506）陵园竣工，占地约2.6万平方米。建制总体如裕陵，有碑亭、宫门、祾恩殿、城台明楼、宝城宝顶、金井、琉璃照壁等。现状较茂陵残坏严重。

康陵位于金岭山（又名莲花山）东麓，是明武宗朱厚照的陵墓。始建于正德十六年（1521），同年朱厚照葬入。嘉靖元年（1522）陵园建成，占地2.7万平方米。建制如泰陵。现状残毁严重。

永陵位于阳翠岭南麓，是明世宗朱厚熜的陵墓。始建于嘉靖十五年（1536），嘉靖二十六年（1547）竣工。嘉靖四十五年（1566）十二月，朱厚熜死，翌年隆庆元年（1567）正月葬入。陵园占地约25万平方米，是明十三陵中占地最大的陵墓。此陵形制仿长陵，比长陵多一道外罗城。宝城、祾恩殿、左右配殿，仅次于长陵，祾恩门面阔五间，与长陵相等。享殿、明楼砌以文石（花斑石），制作考究，雕工精美。民国年间祾恩门、祾恩殿塌毁。

昭陵位于天寿山大峪山下，是明穆宗朱载垕的陵墓。始建于嘉靖十八年（1539），原是穆宗的祖陵，已有玄宫和部分地面建筑。隆庆六年（1572）朱载垕葬入。翌年陵园竣工。万历三年（1575），再修昭陵竣工。占地约3.46万平方米。形制如泰、康诸陵，首建"月牙城"，宝城精致壮观。清初陵园建筑多处残坏，乾隆年间重修明楼、祾恩门、祾恩殿，至民国年间又残毁。中华人民共和国成立后，1987年动工修复陵园，1990年基本竣工，并对外开放。

定陵位于天寿山西侧，大峪山前，是穆宗第三子神宗朱翊钧和孝端、孝靖两皇后陵墓，始建于万历十二年（1584），万历十八年（1590）完成。定陵建筑略同于长陵，有陵门、祾恩门、祾恩殿、明楼、宝城、地宫等，并仿永陵建筑，在陵墙外加筑外罗城。现除明楼宝顶尚为原建筑外，其他建筑多已不存。

庆陵位于天寿山西峰玉案山，是明光宗朱常洛的陵墓。始建于泰昌元年（1620），同年朱常洛葬入玄宫，天启六年（1626）陵园竣工。占地约2.76万平方米。格局基本仿照献陵，排水采用暗沟（地下涵洞）。

德陵位于潭峪岭西麓，是明熹宗朱由校的陵墓。始建于天启七年（1627），同年朱由校葬入玄宫，崇祯五年（1632）陵园竣工，占地约3.1万平方米，总体布局同昭陵。清乾隆年间修葺了明楼，重建祾恩门与祾恩殿，民国初年均毁。

思陵位于鹿马山下，是明崇祯帝朱由检的陵墓，原为明末田贵妃墓。始建于崇祯十五年（1642），崇祯十七年（1644）朱由检自缢后，李自成下令将他和吊死在宫中的周皇后一起埋进了田贵妃墓。清初营建了地面园寝建筑。占地约0.65万平方米。院落二进，有明楼、享殿、配殿、陵门、碑亭建筑。陵前右方建陪葬太监王承恩墓。民国年间，陵园屡遭毁坏，仅存墓冢、楼殿遗址、碑石与石雕五供。王承恩墓及清帝御制旌表墓碑尚存。中华人民共和国成立后，思陵文物、遗址得到妥善保护。1992年修复了陵墙。

除十三座陵墓外，在陵区馒头山有葬嫔妃之东井、大峪山有葬嫔妃之西井，苏山有宪宗之万娘娘坟，袄儿峪有世宗子、妃坟。袄儿峪南为悼陵，原葬世宗孝纯皇太后，后迁永陵，而陵存。银钱山有神宗妃郑贵妃坟等。

定陵是我国有计划地科学发掘的第一座大型帝王陵墓。1955年10月15日，中国科学院院长郭沫若、文化部部长沈雁冰、中国科学院历史研究所第三所所长范文澜、全国人民代表大会副秘书长张苏、人民日报社社长邓拓、北京市副市长吴晗就发掘北京明十三陵联合向国务院请示。周恩来总理批示：原则同意，责成北京市人民委员会协同中国科学院、文化部，指定专人议定开发计划送批。同年11月23日，吴晗副市长代表上述三单位向国务院秘书长习仲勋上报计划。同年5月，发掘委员会正式成立。除已经国务院批准的7人外，又邀请中国科学院考古所所长夏鼐、文化部文物局局长郑振铎2人。5月19日定陵试掘工作开始，赵其昌任队长，白万玉任副队长。1957年5月18日发现"金刚墙"，6月13日发现墓门，9月19日打开墓门进入地下宫殿。地宫在明楼的正后部，距墓顶27米，总面积1195平方米，由前、中、后、左、右五个高大宽敞全部券式石结构殿堂连成。前中殿为长方形甬道，后殿横于顶端，前、中、后三殿之间各有一道石券门，椽枋脊吻兽均用汉白玉雕成，檐下有空白石榜，券门下为双扇汉白玉石门。门上刻乳状门钉纵横九排，共81枚，门有衔环铺首。门高3.3米、宽1.7米，重约4吨，门扇上横有重10吨的青铜过梁形管扇，门内顶有"自来石"。

前、中殿以"金砖"铺地，中殿设三座汉白玉宝座、大型青花龙缸及黄琉璃五供。左右配殿中有汉白玉棺床，未置棺。后殿为地宫中最大之殿，长30.1米、宽9.1米、高9.5米，地面用磨光之花斑石墁砌。中央棺床放置朱翊钧、左孝端、右孝靖的朱漆棺椁，四周陈放有玉料、梅瓶及装有随葬品之红漆木箱、匣29只。棺内及木箱匣随葬文物有金、银、玉、瓷、丝织品等二十余类，近3000件，其中金丝翼善冠及嵌珠宝凤冠等，构思精绝，灿烂辉煌，均是一级文物。对研究明代历史及社会生产力、手工业技术及明代宫廷生活和帝王丧葬制度等，都有很高的学术价值。

景泰陵

景泰陵，位于海淀区玉泉山北麓金山口，为明英宗朱祁镇之弟代宗朱祁钰的陵园。正统十四年（1449）蒙古族瓦剌部也先率军南下，大举进犯，英宗仓促亲征，于土木堡（今河北怀来）兵败被俘，史称土木之变。皇太后孙氏命郕王朱祁钰监国，同年九月即皇帝位，年号景泰。次年英宗被放回，至景泰八年正月，趁

景泰陵碑楼

景泰帝病，夺回皇位，改元天顺，史称夺门之变；废朱祁钰帝号，软禁于小南城（今东城区南池子普度寺），死后以亲王礼葬金山口。朱祁镇死后，宪宗朱见深（成化）即位，复景泰帝号，将原郕王墓扩修为皇陵，建享殿、神库、神厨、宰牲亭、内官房等，嘉靖时又改建陵体，明楼易绿瓦为黄瓦，以符帝陵规制。现陵前黄瓦歇山顶碑亭及碑为乾隆三十四年（1769）立，正面乾隆题《明景帝陵诗》："迁都和议斥纷陈，一意于谦任智臣。挟重虽云祛恫喝，示轻终是薄君亲。侄随见废子随弃，弟失其恭兄失仁。宗社未亡真是幸，邱明夸语岂为淳。"有序并跋语，碑阴大字楷书"恭仁康定景皇帝之陵"，亭后有黄瓦硬山顶祾恩殿三间，其后为宝城。景泰陵于1979年列为北京市第二批文物保护单位，2001年提升为第五批全国重点文物保护单位。

明宪宗长子墓

2001年，配合海淀区军事科学院施工发掘出土明皇子墓一座，出土墓志铭，证实墓主人为明宪宗长子，出土明早期青花瓶等。

十三陵园内妃嫔墓

明代妃嫔葬制分从葬和不从葬两种。据《昌平山水记》载："宫人从葬之令，至英宗始除。故长陵有东西二井，东井在德陵东南馒头山之南，西向；西井在定陵西北，东向。井重门，门三道，殿三间，两庑各三间，绿瓦周垣。……其曰井者，盖不隧道而直下，故谓之井尔。或言《越绝书》有禹井，井者法也，禹葬以法度，不烦人众，当日命名之意，岂有取于此欤。"由此，可知东、西井是从葬妃子的地方。

在明十三陵之内，最早从葬妃子的是明成祖朱棣长陵，东西二井共十六妃子从葬。东井在德陵东南平岗地，万历帝纯懿皇贵妃王氏于万历四十年（1612）七月十七日亦葬此，天启帝即位迁葬于定陵，即为孝靖皇太后。西井在定陵附近，1957年调查时其遗迹尚存，绿瓦、断碑、残垣依稀可见。

在陵山内不从葬者，据《昌平山水记》载："自英宗既止宫人从葬，于是妃墓始名，或在陵山之内，或在他山。其在陵山内者，则自昭陵之左，九龙池上南行二里许为苏山，有万贵妃之墓，宪宗妃也，制如二井，东向。又南为银钱山，有郑贵妃暨二李、刘、周四妃之墓，神宗妃也，制如二井，南向，今毁。又南为袄儿峪，有四妃、二太子墓，中阎妃、王妃，左马妃，次左冲哀太子，右杨妃，次右庄敬太子，世宗妃太子也。又南为悼陵，制如二井，东南向，孝洁皇后陈氏，初谥悼灵，葬此。世宗崩，迁永陵，而其封兆尚存，旁有沈、文、卢三妃之葬，至今犹曰悼陵云。""悼陵之东为鹿马山，有田贵妃之墓，大行皇帝妃也。"另在"东山口迆东有刘惠妃之墓，英宗妃也。又东八里绵山有蕲献亓、滕怀王之墓，仁宗子也。凡陵及妃嫔、太子诸王之葬及上所御殿，其外垣皆涂以红。"这些是陵山内不从葬的妃子墓及太子诸王墓。

金山（董四墓村）妃嫔墓

明代妃嫔死后，除葬于昌平区明十三陵外，余均葬金山。《宛署杂记》称："金山在县西三十里，其南曰瓮山。"《青谿漫稿》亦称："瓮山在都城西三十里……西湖当其前，金山拱其后。"可见金山在今北京西北三十里，颐和园迆西，约当青龙桥西北一公里一带地方。

葬在金山的还有明代诸王及公主。明代宗朱祁钰也葬在这里。《长安客话》载："凡诸王、公主夭殇者，并葬金山口，其地与景皇陵相属。又诸妃亦多葬此。"金山妃嫔墓情况，据《皇明经世文编》卷二百二十一《程文恭公集》嘉靖时"议睦妃茔疏"云：

"臣于本月二十日奉钦命会官前诣金山，相择睦妃何氏坟地，臣伏见金山一带约长三里，中间新旧陵墓约计二十余处，支陇高下，封茔殆遍。昨经审择，似更无余。"可知嘉靖时，金山封茔殆遍，已有二十多座陵墓。清代谈迁在顺治十一年（1654）访查了金山，在《北游录》中云："丁丑晨饭别山僧，东出就北道山，朝诸王、公主殇绝者并葬金山，碧殿道接，化为榛莽、瓦砾者过半矣。……又园陵自景帝外，怀献、悼恭、哀冲、庄敬、宽怀、悼怀故太子七。卫、许、忻、申、蔚、岳、景、颍、戚、蓟、均、邠、简、怀、悼故五十七。殇主二十六。仁庙妃三。宣庙妃一，英庙妃□□、宪庙妃十二，按史皆葬金山，与景陵相属，凡五十三园。"据观之，金山陵墓从明嘉靖至清顺治十一年近百年间，已由二十多处增至五十三园，清初时已荒废过半。清乾隆二十四年（1759）《重修天仙庙记》云："神京西北隅计二十五里，大明之墓置于斯，相继人烟丛集，随后以墓记村，因此为东四墓焉。"魏源《海淀杂诗》注亦称："东四墓西四墓，正当万寿山后，宝藏庵前，皆明代妃嫔葬所。"后来这一带地方就讹传为董四墓村了。1951年8月至11月，曾在此发掘清理过两座明代妃嫔墓，共葬有十个妃嫔。

1号墓，即熹庙（天启帝）妃子墓，其形制由宝顶、墓门、前室、主室组成。宝顶，呈截尖圆锥形，平顶，高约4米，上径4.8米，下径6米；用土掺石灰夯成，位于主室之后，并不直接压在墓室建筑之上。地下墓室是一座平面呈"工"字形宫殿式建筑。墓门用砖砌塞。前室，正脊全饰绿琉璃瓦。室内长4米，宽3.3米，高6.6米。前室和主室之间有两扇石门，门上刻铺首，门顶为琉璃瓦门楼，石门背后有顶门石，室内没有任何遗物。主室，屋顶呈四阿式，正脊琉璃瓦高出地面，顶坡全部铺方砖，垂脊上有琉璃瓦脊饰。主室内长10.9米，宽5.74米。墓底至穹顶高7.2米。靠后墓壁用石条筑成石棺床，高0.3米、宽3.5米，其上置三具棺椁。在每个椁底靠近后墙处，各置1盒圹志，从圹志位置可知，左侧是张裕妃、中间是段纯妃、右侧是李成妃。

因墓室被盗，劫余所剩无几，有"大明万历年制"款青花、影青梅瓶3件。棺内随葬品段妃较多，张妃最少。有凤冠上的装饰品及金簪等，上面饰有孔雀、龙、"五毒"、植物等类花纹，有的还嵌镶石榴石和玉等。玉器可分两类：一类是嵌镶在凤冠金饰上面的，雕有喜字、寿字和动植物花纹。另外一类是玉扣，浮雕有植物花纹。还出土大小珍珠千余粒。珠身穿孔，可能是凤冠上的装饰品。这些遗物足以表现明代工艺的发达情况，特别是凤冠上的金饰，制造风格纤细精巧，花纹具有独特的民族特点。

2号墓，是神庙（万历帝）的内嫔墓，位于1号墓的东北约300米处。形制由宝顶、墓门、前室、后室组成。宝顶，系用三合土夯筑而成，呈截尖圆锥形。墓是用石块和砖砌成的平面呈"工"字形平房式的建筑，屋脊用磨成半圆形的大砖连接而成。屋面上铺方砖一层，砖面上为三合土台阶，南北面各三层，每层厚约0.5米。墓门在正中，门顶呈伞状锯齿形。墓室内部分前后两室，均是穹形建筑；中间有石门相连。前室长19.1米，高5.3米，宽5.1米。多陈列祭品。石门两侧各有石宝座一座，靠背和两翼都刻有精细的花纹。石座前放置有香炉、蜡台、插瓶及长明灯。东西两面各置有仪仗用的木架两副。西边有两盒圹志，东边有3盒圹志。后室长19.1米，高6.19米，宽6.65米。北壁是放置棺木的棺床，长15.75米，宽3.35米，高0.7米。棺床正中偏东有2盒圹志。7具棺木已七零八落，多半倒在棺床下面，有3具棺没有被盗。

第一棺在棺床的最西边，随葬品有盆、手镯、耳环、凤冠等数十件，多为金玉之器，制作精美。其中有铜钟形法器2件，上面刻有梵文、藏文的符号咒语。另外有漆盒1件，内盛数百粒念珠。由此可见，明代宫廷盛行信奉佛教。

第二棺，位于第一棺之东，随葬器都很贵重，计有大小银盆3件，其中1件底上有"大明嘉靖年制"六字款。银元宝二个，皆重50两，上有款识：一个是万历十五年（1587）铸，一个是万历十六年（1588）铸，均是福建省所缴纳的赋银。另有1顶由23件钗簪等物组成的凤冠，镶以珠宝。

第七棺，斜放在棺床最东端，随葬品有粉盒、胭脂盒、铜镜等。还有一套头饰保存较好。另外，在前后两室共发现木俑百余件，尤以前室仪仗架处最多，俑有文臣、武将、宦官、皂隶、平民等类别。还出土有仿宋隐花"大明嘉靖年制"白瓷梅瓶和"大明万历年制"梅瓶。据出土圹志，2号墓所葬系万历帝的七个内嫔，她们是张顺嫔、耿悼嫔、邵敬嫔、魏慎嫔、李荣嫔、李德嫔、梁和嫔。

1963年，在镶红旗营发掘宪庙（成化帝）的妃子墓，共七座，皆南北向，在金山阴坡并列成一横排。墓葬地上宝顶已无存，从残存灰土渣判断，系由三合土夯筑而成。墓室结构形制相同，都是平面呈"工"字形的砖石结构的平房式建筑。墓室由墓门、前室、后室所组成。前室中央设宝座，其前置五供和万年灯。后室中央设大理石棺床，上置棺椁。棺床中央有方孔，内实黄土。墓门为整块青石或大理石制成，正面雕兽头铺首，背面刻有半圆凸起以承托自来石。前、后室顶部两坡平铺方砖，脊饰已无存。

七墓均已被盗，棺椁破碎，尸骨失散。其中三座墓各出土1盒圹志，据圹志可知她们是宪庙的庄静顺妃王氏、庄懿德妃张氏、和惠静妃岳氏。

通过对董四墓和镶红旗营妃嫔墓的发掘，证实文献记载明代妃嫔皆葬金山。《宛署杂记》称："累朝妃嫔不附葬者，各为一墓。惟宪庙十三妃共一墓。嘉靖十三年，静妃陈氏卒，上谕礼、工二部曰：祖宗成法当守，王制亦当法，古世妇御妻皆用九数，宜九妃同一墓，一享殿遂为定制，自后永陵妃嫔多九位一墓，然其先有各位一墓者，后亦有七位一墓者。"另据《皇明经世文编·程文恭公集》称："臣查得先年英庙妃坟一所，共十七位，宪庙妃坟一所，共十三位。"《国朝典汇》记载："宪庙十三妃始同为一墓，嘉靖十三以古世妇、御妻皆九、宜九妃为一墓，同一享殿，内作七室两厢，于是金山预造五墓，墓各九数，以次葬焉。"今按董四墓村1号墓系葬熹庙三个妃子墓，2号墓系葬神庙七个内嫔墓，盖可谓有"三位一墓""七位一墓"者，与文献记载略同。但《宛署杂记》《皇名经世文编》《国朝典汇》皆云"宪庙十三妃共一墓"，今按镶红旗营宪庙七座妃子墓发掘的考古资料看，系每妃一墓，由此观之，上述文献记载皆有误。

明代外戚之墓

万贵墓

万贵墓,位于丰台区右安门外关厢东庄,1957年发现。墓系长方竖穴土坑墓,石灰夯打成墓圹,四周衬砌青砖墓壁,墓底铺青砖,墓室长2.8米,宽1.7米,深2.5米,内放两棺,为万贵与其妻王氏合葬墓,墓顶用石灰夯实,压砌厚40厘米大条石,石上用三合土夯打成墓顶。棺内出土金器:执壶、"海水江牙"盏托、"太白醉酒"杯、荷叶洗、嵌宝石头花、手镯、戒指、金锭、金钱等,银器:壶、盘、盒、银锭等及白玉双螭耳杯,均属明代宫廷用品及珍贵奇巧之工艺品,现藏于首都博物馆。

万贵(1392—1475),明山东青州府诸城人,明宪宗朱见深恭肃贵妃万氏之父,初为椽吏入军籍。其女四岁入宫充孙太后之宫女,及长,侍太子朱见深,太子十六岁即位,万氏时已三十五岁。为妃,机警善迎帝意,成化二年生皇第一子,封为贵妃。万贵官锦衣卫指挥使,性尚谨饬,子弟皆列官,成化十一年(1475)卒,赙赠祭葬有加;子喜为都指挥同知迁都同知,子通为指挥使,子达为指挥佥事迁指挥同知,皆贪黩,赖帝眷万氏,结党营私。万贵妃成化二十三年（1487）暴疾薨，宪宗同年崩，言官劾万家罪状，孝宗夺万氏等官，尽追封诰及内帑赐物。

夏儒墓

夏儒墓，位于丰台区南苑镇苇子坑[明正德十年（1515）地属顺天府大兴县魏村社田哥庄]，1961年6月发现。墓室系在深4米，长宽各10米的土坑内，以三合土夯打成墓圹，四周衬砌磨砖墓壁，置木椁，椁内陈两棺，用7块厚17厘米木板盖于椁上为椁盖，盖顶上压砌厚40厘米大条石，条石上用三合土夯打成墓顶与三合土圹相接成整体。墓底及墓壁外填厚10厘米防腐之碎木炭，墓葬形制及结构坚固、严密，两棺子盖内均有棺幕，幕上撒铜钱，墓志已失，仅存买地券。两棺遗物多为丝织品，男棺出玉笄、玉带、衣袍、半襞、单裤、短裤、被褥、靴等；女棺出金嵌宝石花钗、银鎏金佩饰、衣袍、裙、绣花霞帔、头纱、巾帕、被褥、鞋等；两棺所出丝织品种类有绸、缎、罗、葛、纱、锦等，为研究明代中叶丝织工艺和服制提供了重要实物资料，现藏于首都博物馆。

夏儒（1467—1515），明代南京应天府上元县人。明武宗朱厚照孝静皇后夏氏之生父。《明史·外戚·夏儒传》："夏儒，毅皇后父也。正德二年以后父封庆阳伯。为人长厚……既贵，服食如布衣时，见者不知为外戚也。十年以寿终，子臣嗣伯。嘉靖八年臮袭。"按孝静皇后夏氏，于嘉靖元年被朱厚熜尊为皇嫂庄肃皇后，嘉靖十四年（1535）崩，谥孝静庄惠安肃毅皇后，嘉靖十五年改谥孝静庄惠安肃温诚顺天偕圣毅皇后。

李伟墓

李伟墓，位于海淀区玉渊潭乡八里庄，永安万寿塔（慈寿寺塔）西北1公里。1977年发现，墓为南北向竖穴土坑木椁墓，与其妻王氏合葬。男椁东、女椁西，两椁间有熟土隔梁，李伟椁室曾被盗，王氏棺椁保存尚完整；椁前各置墓志一盒，志盖篆文"明故武清侯赠太傅安国公谥恭俭李公墓志"及"皇明诰封武清侯赠太傅安国公夫人王氏合葬墓志铭"。李伟棺内仅出土银壶、小银元宝等。王氏棺内出土金锭4枚，均为云南布政使司贡金，掐丝嵌宝石花钗、凤簪、嵌宝石花簪、嵌宝石顶簪、花针、镯、戒指、耳挖、小金钱等。大银元宝4枚均为苏州府吴江县万历拾年重五拾两"金花银"。六棱错金錾花银执壶、错金錾花银盘盏、珠花、玉带板等，金银器多属宫廷用品，文物现藏首都博物馆。

李伟（1510—1583），字子奇（《明史·外戚·李伟传》误为世奇），原籍山西平阳府翼城县，曾祖李政，永乐初年随靖难军占籍顺天府漷县永乐店。嘉靖二十九年（1550）俺答掳通州，李伟携家住北京避乱。其女以良家女入裕王朱载垕府，嘉靖二十四年（1545）生朱翊钧（万历），1566年朱载垕即皇帝位，隆庆元年（1567）封李氏为贵妃，授李伟锦衣卫都指挥佥事。1573年，朱翊钧即皇帝位，万历元年尊生母李氏为慈圣皇太后，加李伟中军都督府同知晋武清伯，万历十年（1582）晋武清侯。

李伟是隆庆皇帝的岳父，万历皇帝的外祖父。曾倚势作皇商包揽军需布匹，以偷工减料手段自肥，事发受谴。其妻王氏（1513—1587），顺天府东安县人，经常被其女慈圣皇太后接进慈宁宫居住，赏赐殊多。李伟于万历十一年（1583）卒，赠安国公谥恭俭，是地位显赫的外戚之一。其家族兄弟世代袭侯，其子李文全于万历二十四年（1596）晋武清侯，孙李铭诚追随阉党魏忠贤除晋武清侯外，并于天启七年（1627）加太子太师，其曾孙李国瑞因饷借事被崇祯帝削去侯爵，李国瑞惊悸死，国瑞子李存善复袭武清侯至明朝覆灭。

明代太监之墓

田义墓

田义墓，位于石景山区模式口大街51号院内，坐北朝南，占地约4000平方米。周有石墙，分前后两部。前部显德祠前为石棂星门，两旁竖有华表一对，文臣、武将之护墓石像；后部墓地，正面为石墓门，石门两侧刻有飞禽走兽之浮雕，石门北为三座碑亭。碑为万历十年（1582）、万历十一年（1583）、万历三十二年

田义墓

（1604）所立。碑亭北为享堂遗址及仿木结构石楼，石祭台上陈石五供，祭台后为墓冢。田义墓为明万历年间所建的规格较高的太监墓，其石刻精细独特，艺术价值较高，该墓的营造规制及墓碑所记史实，是研究明代宦官制度有价值的史料。

田义（1534—1605），别号渭川，陕西华阴人，自嘉靖二十一年（1542）八岁净身入宫，卒于万历三十三年（1605）；历事嘉靖、隆庆、万历三朝，深得皇帝器重和宠遇，历任六科廊掌司、文书房管事、内官监太监并赐蟒衣玉带、南京副守备、司礼监太监掌内官监印、南京正守备并兼掌司礼监印、司礼监随堂办事、提督教习、掌司礼监印、掌酒醋面局印、总督礼仪房、因营大阅等一系列要职。死后皇帝赐白金宝钞、祭三坛，穿冢以葬，故墓地建筑规格较高。2001年列为北京市第六批文物保护单位。

刘忠墓

刘忠墓，位于海淀区香山南侧山崖下，1980年6月兴建香山饭店时发现并清理。其墓虽已被盗，但墓室之建筑、彩绘、石雕等保存完好。墓室依山开凿，东向，砖石结构，由墓道、甬道、前室、过道、后室组成。棺穴开于后室地下天然岩石中，墓门是由整块汉白玉石制成的双扇石门。门正面浮雕铺首衔环，背面有一凸起以承"自来石"，门额上刻"栖霞岩"三字，上为券顶；墓门内为甬道，长0.8米，宽1.6米，高1.8米。两壁用条石砌筑至1米高处再用青砖砌筑，顶部平铺条石，甬道与前室相通。前室长1.5米，宽2.6米，高2.7米，券顶，地面铺方砖；室内陈设石绣礅2件，石栏、石碑、石香炉、石磨扇各1件。前后室由过道相连，过道长0.8米，宽1.6米，高1.96米，形制与甬道相同。第二道墓门门额刻"清虚紫府刘仙翁之洞"，后室长3.2米，宽2.6米，高2.85米，建筑结构与前室基本相同，陈设石椅、石龛、石供桌各1件，石绣礅2件。石龛挂在后壁近顶处正中，龛两侧石壁绘云鹤图案，龛下石壁刻"碧玉屏"三个贴金大字。后室地下岩石上凿出长2.45米、宽1.17米、深1.27米的棺穴，上盖青条石6块，上铺方砖两层，与后室地面平齐。棺木及尸体已朽，随葬品仅有墓志1盒，小石狮2件。墓志边长70厘米、厚12厘米，志盖四周刻卷云纹，中刻篆书"明故御马监太监署乙字库事栖岩刘公墓志铭"。墓志四周亦刻卷云纹，中刻铭文29行，行32字，赵永撰文，杜旻书，薛翰篆盖。在已发现的明代太监墓中，此墓在地势选择、棺穴安排、墓室陈设、彩绘题刻都具有浓厚的道教色彩,其规制是十分独特的。

刘忠(1487—1554),别号栖岩,广东人,弘治八年(1495)九岁被选入内廷,历孝宗、武宗和世宗三朝;历任乾清宫近侍、御马监左监丞、御马监右少监、仁寿宫近侍、御马监左少监、乾清宫近侍调内官监、御马监太监金押管事,赐蟒衣玉带,特命管理乙字库事,做太监59年,笃信道教,深得皇帝宠信。

明代大臣之墓

姚广孝塔墓

此墓在房山区东北崇各庄乡长乐寺村东里许,京原铁路从这里曲折穿越。姚广孝墓塔为砖构八角形九级密檐式,坐北朝南。须弥座式塔座束腰浮雕"寿"字和花卉,其上为三层外倾的莲花瓣。中间塔身,四正面雕仿木影作隔扇门,其他四面则雕花棂假窗。正面门楣之上嵌方石一块,其上楷书"太子少师赠荣国恭靖公姚广孝之塔"。塔身往上是九层叠涩密檐,各角均悬铜铃。塔刹铁制,状似葫芦,其上再置立柱。刹由八条铁链固之于檐角的吻兽上。塔通高33米。姚广孝塔墓,1949年后曾有过两次修缮:第一次 1980 年，第二次 1985 年春。塔墓前 30 米，矗立着高 4 米、宽 1.1 米、厚 0.33 米螭首龟趺的神道碑。碑额篆书"御制荣国公神道碑"。碑文是永乐十六年（1418）八月十三日成祖亲撰，为"御制赠推忠辅协谋宣力文臣特进荣禄大夫柱国荣公谥恭靖姚广孝神道碑铭"，碑文载其生平。

姚广孝（1335—1418），明苏州府长洲人。本医家子。年十四度为僧。名道衍，字斯道，谥恭靖，赠荣国公。洪武中选高僧。在"靖难之役"时，起到了举足轻重的作用。因其功盖群臣，后拜太子少师。僧人加官晋爵，如此显赫，这在中国历史上是少有的。他不但是杰出的政治家，更是一位伟大的史学家，曾和解缙等人编纂巨著《永乐大典》，同时参与《明实录》的编纂。他还精于诗律，有《逃虚子集》。年 84 卒。

神道碑在 1980 年添建了青砖碑楼，碑面加设铁门护之。姚广孝塔墓与神道碑已于 1984 年列为北京市第三批文物保护单位。

李卓吾墓

李卓吾墓，在通州区。初系马经纶遵李遗嘱葬于通州城北马厂村西迎福寺侧，冢高一丈，周列白杨百余株。有碑记两座，一为万历三十八年（1610）汪可受所立，早已无存。现存万历四十年（1612）詹轸光所立之青石碑，方首、方座通高 2.51 米，焦竑书"李卓吾先生墓"。碑阴为詹轸光书《李卓吾碑记》《吊李卓吾先生墓》诗二首。碑于民国初断为三截，民国十五年（1926）

复立，建碑楼。1953年迁墓于通惠河北岸大悲林村南，建砖冢复建碑楼，嵌"迁建碑记"。"文化大革命"初，碑楼被毁；1974年修复，1983年迁至今通州西海子公园城墙遗址处。墓南北向，长30米、宽12米，青砖宝顶，高1.55米、径2.25米。墓前建碑楼，立万历四十年之原碑；东西两侧立初迁碑和重移碑，二碑之前居中立周扬题"一代宗师"碑。1984年列为北京市第三批文物保护单位。

李贽（1527—1602），明泉州晋江人，原名林载贽，后改姓李，因避隆庆皇帝讳，改李贽，号卓吾，又号宏甫，别号温陵居士、龙湖居士、龙湖师。明代思想家，曾任云南姚安知府，为官体恤百姓，因去发坐堂，上官勒令解职，后居黄安从事讲学、著作。反对礼教，抨击道学，对封建传统思想要求有一定程度的突破。重视小说戏曲，以异端自居，屡遭朝廷迫害后北游通州，终以"敢倡乱道，惑世诬民"之罪，被捕入狱，闻勒其回籍，佯呼侍者剃发，夺刀自刎，气不绝两日方故。著有《焚书》《续焚书》《藏书》《续藏书》《李温陵集》，并曾评点《水浒传》，至清多被列为"禁毁书目"。

袁崇焕墓

袁崇焕（1584—1630）墓，位于东城区东花市斜街原广东义园（原名佘家馆）。墓前建有袁崇焕祠。墓圆顶，高约2米。墓前立有清道光十一年（1831）湖南巡抚南海吴荣光题"有明袁大将军墓"石碑及石供台,坟侧另有小丘为佘义士墓。墓门前有槐树二株,墓后有马尾松一株,墓旁植小松树二行。1952年北京市为规划市政,决定将城内所有墓葬迁出城外,依规定广东新旧两义园中之坟墓皆在迁移之列。当时叶恭绰邀集李济深、章士钊、柳亚子联名上书,袁墓得以保存。

1954年修葺竣工,除调正墓堂方向外,皆保持原状,墓堂悬叶恭绰题"明代粤先烈袁崇焕墓堂"匾额,墓堂廊柱悬康有为书"自坏长城慨今古,永留毅魄壮山河"联。堂内供奉袁督师遗像刻石,四壁嵌历次重修广东新旧两义园碑记及李济深《重修督师祠墓碑》,墓地四周围以砖墙,广植松柏。"文化大革命"中,袁墓及祠堂均受破坏,祠堂被占用,仅存墓碑及祠堂墙壁上部分石刻。

袁督师庙为广东人张柏桢(篁溪)于1917年在原左安门内

袁崇焕墓

东火桥二十八号所建。今地处龙潭湖畔,坐西朝东面阔三间,台基高约1米,中门石额刻"袁都师庙",两旁石刻对联:"其身世系中夏存亡,千秋享庙,死重泰山,当时乃蒙大难;闻鼙声思中原将帅,一夫当关,隐若敌国,何处更得先生。"庙明间正壁嵌袁督师石刻像,其上原有袁崇焕手迹"听雨"额,现已不存;两壁嵌有《袁督师庙记》《袁督师庙碑记》《佘义士墓志铭》等石刻,门额一对联及《庙记》等多为康有为题,庙左右次间为意钓亭、悼亡亭,为张篁溪奉香火时休息之所及纪念其亡妻之家祠,内有梁启超书刻对联等名人手迹石刻。

1952年对袁崇焕墓、祠、庙曾重修,1984年修复袁督师庙及墓园,同年列为北京市第三批文物保护单位。

明代传教士之墓

伯哈智墓

伯哈智墓位于昌平区县城东5公里。

伯哈智是阿拉伯人,明朝洪武初年为献计来到中国,得到太祖朱元璋的信任,赐封在朝为官。伯哈智宣传伊斯兰教,善于改进教法;又由于他教学严谨,不收杂念之徒、庸俗之辈,更为人所尊重。他对我国伊斯兰教的发展起了推动作用。明洪武末年到昌平传教讲学，在昌平寿终，厚礼葬于北邵之阳，他生前所乘白驼同葬于墓侧。明朝正统、嘉靖、万历三朝对此墓进行了大规模修建，树碑立传并修筑有围墙，种植上百棵松树。清康熙五十二年（1713）重修墙垣，规定界址，重新修葺了墓门神道，并立新碑于墓前。清宣统元年（1909）九月又立碑于墓前东侧。1985年对墓又进行了重新修整。由于风化剥蚀较重，碑文多数已不清晰。

利玛窦墓

利玛窦墓，位于北京西城区阜成门外二里沟（今车公庄大街6号北京市委党校院内）。现为北京市文物保护单位。

利玛窦（1552—1610），意大利耶稣会传教士，明万历二十九年（1601）到北京，向明神宗进呈自鸣钟等礼物，颇受皇帝赞赏；其间与朝廷官员广泛交往，并传播天主教，亦介绍西方先进的科学技术。其中以他与徐光启合译的《几何原本》影响最为深远。明万历三十八年（1610）利玛窦病逝于北京。经明神宗特许，得"以陪臣礼葬阜成门外二里沟嘉兴观之右"，将明廷籍没的杨太监在滕公栅栏的寺院1座、官地20亩、房屋38间赐予利玛窦和此后的外国传教士为墓地。明神宗特旨下诏开阜成门，让利玛窦下葬于滕公栅栏官地。

最初的利玛窦墓，墓穴长方形，坐北朝南，墓后建有一西式拱顶六角亭，墓前列有石供及明顺天府尹王应麟撰书的石碑一通

（此碑已毁，现在的碑可能为庚子事件后清人重立）。整个墓地以砖墙围绕，南门外有一石墁甬道，墓前立有石门牌坊一座，大书"钦赐"二字。故后人又称为石门墓地。此后，由明及清的一些外国传教士相继葬于此墓地中。

1900年，义和团运动席卷北京，利玛窦墓及附近教堂全部被夷为平地。1903年，清廷赔白银1万两重修滕公栅栏墓地（有碑文为记）。利玛窦与汤若望、南怀仁等部分外国传教士墓一起在旧址重建，但其地上建筑与各墓排列已非原貌。墓中也无遗骸入葬。其他许多散乱墓碑，则被砌在新建教堂的墙内。

1949年后，该墓地被划入北京市委党校院内。"文化大革命"中，利玛窦墓与附近诸传教士墓又被夷平，教堂被拆除，原来砌

利玛窦、南怀仁、汤若望等墓碑

在教堂墙内的墓碑也被弃置于地。1984年，北京市政府将利玛窦墓及明清以来外国传教士墓地，列为北京市第三批文物保护单位，并重修该墓地。

重修的墓地分为坐北朝南，东西毗连的两个墓院，四周皆以砖砌花墙围绕，东院南北长25.7米、东西宽15.5米，为利类思等60位明清传教士墓碑碑林。西院较之东院向北缩进15米，为利玛窦、汤若望、南怀仁三位传教士的墓院。其中利玛窦墓居中，汤若望与南怀仁墓分列右、左两侧。三墓均为前碑后冢格局。

重修的利玛窦墓，坐北朝南，墓高1.5米、长2.4米、宽1.3米。墓前列有明万历三十八年（1610）"耶稣会士利公之墓"碑，其碑为螭首方座式，碑高2.7米、宽0.94米、碑座高0.6米、宽1.2米。碑后约1米是墓冢。

南怀仁墓

南怀仁墓，位于西城阜成门外二里沟（今车公庄大街6号北京市委党校院内）的利玛窦墓左侧。

南怀仁（1623—1688），比利时耶稣会传教士，清顺治十四年（1657）来华传教。顺治十七年（1660）奉召进京、协助汤若望修历。康熙十三年（1674），南怀仁奉命制成天文仪器多台，康熙帝加封其为太常寺卿。康熙十七年（1678），续修成康熙永年新历，被帝封为通政使。后又奉旨督造西式火炮。康熙二十一年（1682），又特旨加封南怀仁为工部右侍郎。康熙二十七年

（1688），南怀仁病逝于北京宣武门内之南堂。康熙帝钦赐帑银七百两助葬。次年5月11日，为其发殡送葬，将其灵柩送到滕公栅栏利玛窦墓院西墙内侧安葬。

此墓于1900年庚子事变中被平毁。1903年与利玛窦墓一起重修，后再次被毁于"文化大革命"中。1980年，北京市政府拨款重修滕公栅栏外国传教士墓地，正式定名为"利玛窦及明清以来外国传教士墓地"，并列为北京市文物保护单位。南怀仁墓得以重修。

重修的南怀仁墓，与利玛窦、汤若望墓并列，南怀仁墓居左侧。此墓现为坐北朝南，石碑螭首方座身高2米，碑身宽1.01米，碑座高0.57米、宽1.28米。碑后为砖砌长方形墓冢，墓高1.45米、长2.5米、宽1.2米。

汤若望墓

汤若望墓，在西城区阜成门外二里沟（今车公庄大街6号北京市委党校院内）的利玛窦墓右侧。

汤若望（1591—1666），德国籍耶稣会传教士。明天启二年（1622）来华传教。几年后继邓玉函之后任修历之职，并制造天文仪器多种。崇祯九年（1636），汤遵旨铸成西式火炮。清顺治二年（1645）任钦天监监正。顺治七年（1650），清帝赐地建天主教堂（即宣武门内之南堂），落成后御笔赐匾曰"钦崇天道"。后顺治帝又授其通政使之职，赐法号曰"通玄教师"。1664年，杨光先大兴历法之狱，构陷汤若望等外国传教士，汤被罢官下狱问成死罪，后得孝庄太皇太后（顺治帝之母）干预而获释。康熙五年（1666），病逝于南堂。因其死罪未撤，故未能及时下葬。康熙八年（1669），清帝为其平反历法狱案，官复原职，追封官号，加"通微教师"之号，赐帑银筑墓，将汤按陪臣礼葬于原利玛窦墓的西墙外。

墓地建筑依中国风格，于墓北筑半圆土冈围绕，墓长一丈有余，宽六尺有奇，皆以方石砌成。墓前有石碑一通（原碑现仍立于墓前），碑前御赐之物有：石五供一副（香炉一、灯烛二、供瓶二），石马石人各一对，均汉白玉雕镂。中有甬路，直达茔门。康熙后期，拆去利玛窦墓院西墙改为甬路，汤、利二墓地从此合而为一。

1900年庚子事变中汤墓亦遭毁坏，1903年又与利玛窦等墓同时重建。"文化大革命"中汤墓又遭平毁。1980年，北京市政府拨款重修此墓，并将整个墓地定名为"利玛窦墓及明清以来外国传教士墓地"，正式列为北京市文物保护单位。

此墓现与利玛窦、南怀仁二墓并列，汤若望墓居右侧。墓前石碑为螭首方座式，碑高2.04米、宽1.05米，碑座高0.92米、宽1.45米。碑后1米为砖砌长方形墓冢，墓高1.4米、长2.2米、宽1.3米。

清北京时期

在清代，皇家园林建设可谓盛况空前，除充实扩建明代原有的皇城御苑外，又在北京西北郊营建"三山五园"，即香山、玉泉山、万寿山、静宜园、静明园、清漪园（后改称颐和园）、圆明园、畅春园。其中被誉为"万园之园"的圆明园，其遗址犹可想见当年的宏丽与规模。现存颐和园始建于乾隆年间，历时五年建成，是中国古典园林的典范。

圆明园遗址

1994年圆明园微缩工程考古工作，对"藻园""十三所""山高水长"三处景观遗址进行了考古钻探。对"藻园"遗址进行了发掘，发掘面积5100平方米，揭露出"林渊锦镜""贮清书屋""履吉斋""自远轩""湛清华""凝眺楼""夕佳书屋""精藻楼""船坞"等建筑遗迹多处。"藻园"遗址的发掘，再现了该建筑群的整体布局，弥补了文献资料的不足，为复原工作提供了可靠的实物依据，同时也为进行古代园林遗址的考古发掘积累了经验。

含经堂遗址和长春园宫门区遗址位于圆明园长春园中央大岛及南部宫门区。2001年4月至11月，北京市文物研究所圆明园考古队对圆明园东南部长春园含经堂遗址和澹怀堂遗址，进行了有计划的科学考古发掘。这是《圆明园遗址公园规划》批准实施之后，经国家文物局批准的首次正式大规模考古发掘项目。

含经堂遗址位于长春园的中央大岛上，南北长300米，东西宽150米，占地4.5万平方米，主体遗址面积约2万平方米，四周山水环抱，风景幽雅，为长春园中心区规模最大的一组寝宫型建筑景群。含经堂是清朝乾隆皇帝为自己预备的"归政娱老"之所，内有宫殿景群20余处，建于乾隆十年（1745）至三十五年（1770），是圆明园内数以百计的著名景群中极具特色、最为重要的宫殿景

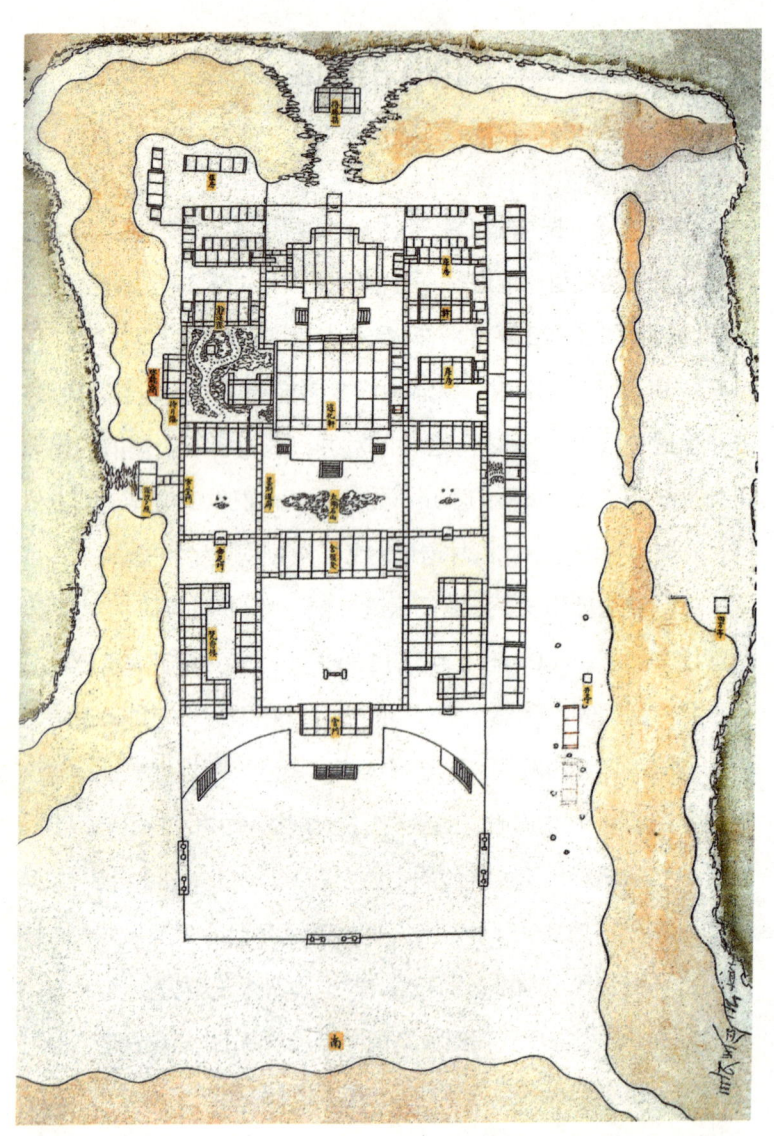

含经堂平面图（样式雷）

群之一。这里不仅汇集了南、北造园技艺的精华，而且收藏极丰富，为当时独一无二的皇家博物馆。然而，这颗璀璨的明珠，却于咸丰十年（1860）惨遭英法联军劫掠并焚毁。

历史上的含经堂景群主要建筑（自南而北）包括宫门、含经堂、淳化轩、蕴真斋、得胜概。

宫门前有3座牌楼，建于景群南部正中及东西两侧，均为四柱琉璃牌楼。进入牌楼往北，正中设宫门5间。宫门东西两侧各设垂花门1个，门内各建影壁1座。宫门前设月台，月台两侧置镀金铜狮1对。月台阶下为广场，从宫门至南牌楼门、从东牌楼门至西牌楼门，各铺石甬路1条，平面呈"十"字形。在南北石甬路之间的空场地，植草坪4块，草坪面积为1310平方米，上建蒙古毡帐5座，为清帝宴赏外使之所，四周围砌宫墙。

进入宫门正北，为含经堂重檐琉璃顶大殿7间。东西两侧各设配殿1座。在东配殿外侧建藏书楼1座，名"霞翥楼"。在西配殿外侧建有供佛楼1座，名"梵香楼"，为一座二层转角楼，上下各13间。含经堂后面有太湖石，北侧正中为淳化轩，面阔7间，上下两层，东西两侧各设回廊12间。在淳化轩东侧回廊外侧，建渊映斋5间。西侧回廊外侧建涵光室5间。涵光室西侧，设穿堂门，门外建临水敞厅3间，名"澄波夕照"。

在淳化轩西侧叠石丛中，建有三友轩寝宫，南向3间，屋外植松、竹、梅。三友轩西侧有待月楼，二层，各3间。三友轩北侧建静莲斋，南向5间，斋前有石山，石山之巅建方亭。静莲斋之北又建理心楼，南向二层5间，设宝座4张。

在淳化轩东侧，建乐奏钧天戏台1座，并南连5间扮戏房。在戏台北侧建有神心妙达看戏殿1座，南向5间。其后为库房，南向13间。淳化轩后面为蕴真斋，面阔7间，前抱廊5间，后抱厦3间。斋内设地层东西仙楼。

在蕴真斋北侧歇山门外，建得胜概敞厅3间。其东侧远方河口建有三孔踏跺桥，桥东置静缘亭（初为方亭，后改为八角亭），亭北设板桥。在得胜概西侧远方河口建有5孔踏跺桥。

在含经堂景区东山外，还建有明漪潇照方亭1座。另在看戏殿及渊映斋东侧，建有1条由40余间铺面房组成的买卖长街。在铺面房东侧，有西向库房4座，共16间，井亭1个。在景区西北隅，建有南向值房5间，东向值房7间。含经堂遗址现已发

含经堂遗址

掘1万平方米，完成遗址预定发掘面积的35%。已将建于清乾隆盛世的包括近30个宫殿和景点的含经堂大型寝宫建筑遗址揭示出17处，如中路北半部的得胜概、蕴真斋、淳化轩，含经堂后身的2座太湖石假山；东路的神心妙达看戏殿、大戏楼、扮戏房、渊映斋、买卖街；西路的1座大型太湖石假山、三友轩、静莲斋、理心楼、茶膳房、涵光室、澄波夕照、待月楼等。

发掘中还发现了地下供暖设施和排水设施遗迹。如在蕴真斋、淳化轩、渊映斋、理心楼、静莲斋、三友轩和涵光室，都发现了东西对称的大型或小型"连地炕"暖阁遗迹，共计20座，由椭圆形的穹隆顶火膛、斜坡火道、长条形烟道及对称的两排火眼组成，设于地下，地面用方砖铺平。在遗址的东路和西路，发现了多处排水石构件，在假山的西、北两侧，还发现有以河卵石铺砌、工艺细致、蜿蜒曲折的排水沟。这些发现表明，这处寝宫当年建造伊始就有精心和完善的设计。

在遗址发掘过程中，出土了各类文物1000余件，有玉器、瓷器、铜器、铁器、螺钿、玻璃制品、琉璃、汉白玉、砖雕和石雕构件等。特别值得重视的是，还发现了英法联军当年火烧圆明园的遗迹和遗物，如大戏楼地井中出土的已经被烧焦炭化了的柏木板材和地井四壁与地面上遗留的大量的黑色灰烬。还有看戏殿前与大戏楼之间以及渊映斋的青砖地面，因遭大火焚烧而大面积进裂，甚至呈红烧土状。有的石柱础的柱窝里，尚残存有木柱被大火烧毁以后留下的木炭灰烬。

澹怀堂遗址现已发掘4600平方米，完成预定发掘面积的

25%。已揭出长春园宫门内澹怀堂遗址东部回廊和配殿基址,并发现了 1 口古井和 1 条巨型地下排水道(南北长约 70 米,东端尚未到头)。出土文物有雕刻精美的汉白玉构件和大型地漏石盖等。

通过半年的发掘,揭示了含经堂大型寝宫北半部宫殿景点的布局、规模、基础结构及变迁的特点,弄清了各宫殿景点的关系,而且还发现了一些历史文献未曾记载的新项目、新内容,如地下供暖设施与排水系统等。火烧圆明园遗迹与遗物的出土,为圆明园遗址的定性与定位又增添了新的有力的实证材料。

铜版画大水法

畅春园遗址

2000年，在配合西北四环工程建设的考古工作中，对清代著名园林畅春园和西花园遗址进行了大规模的考古勘探和发掘。发掘总面积2300余平方米，共清理出畅春园内的一级建筑和西花园的一座石桥。

畅春园内的这组建筑遗址位于海淀镇西上坡以西，现存中部的主体建筑、两侧的朝房和西面的一段院墙基础。由于近现代地面设施的破坏，这些建筑遗迹仅有基础部分保存下来。

受到当时地形的限制，这组建筑群的方位略偏向东南，每一单体建筑的基础做法也不尽相同。居于正中的主体建筑东西长约17米，北部残毁，两侧与院墙相接。从拦土墙的残迹推断，面阔当为5间，四周拦土墙下有三合土基础，但不设地面。其南侧左右对称分布二砖砌小型建筑的基础。东、西朝房长17.1米、宽8.1米，面阔5间。东朝房仅存三合土基础，其下设地钉；西朝房保存状况较好，南北山墙基础砖砌，东西墙基由砾石垒就，正中踏步基础也基本完整。该建筑下部无地钉和三合土。东朝房西北角发掘出一明代砖井，直径1米、深8.6米，可能是明代清华园内的遗存。井内出土一青花双凤大盘，敞口直径35厘米。

西花园石桥位于万泉河路以西，桥南北跨度6米，东西宽近

清代三山五园图中的畅春园及其附园西花园

3米，残高1.7米，桥底平铺石砌海墁，两端各有一闸，保存状况较差。据所在位置及其西北堤岸的垒砌情况，该桥当为畅春园西侧西花园的建筑遗迹。

畅春园是康熙在北京西郊建造的第一所皇家园林，西花园为其附属园林，这两所园林开创了有清一代园居政治的先河。同时，从造园艺术上，促使清代的皇家园林改变了明代对称呆板的园林格局。自清末毁败以来，两院的地面遗迹几乎荡然无存，相关的文献记载也十分稀少。

清代墓葬

范文程墓

墓在北京市怀柔区红螺山下、卢庄村西半里山岭上。占地面积约5亩，墓前有华表1对、四柱汉白玉石碑坊1座。南向，土宝顶。墓前还有其子立的墓碑1块，上刻"皇清诰封光禄大夫兼太子太师内秘书院掌院大学士一等精奇尼哈番谥文肃显考范公耀岳府君，一品夫人显妣范母陈太夫人之墓"。有石供桌1个，供桌之外有谕祭碑2块，均为螭首龟趺，碑身四周刻有游龙戏珠。西边谕祭碑，汉白玉石制成，上刻满汉两种文字，即："康熙五年九月二十一日，皇帝御制……礼部右侍郎兼太子太师内秘书院大学士一等精奇尼哈番加一级谥文肃范文程之灵……"东谕祭碑刻："康熙七年五月初二日……太傅兼太子太师……范文程之灵……"现此墓已毁。

范文程，清朝时沈阳人，字宪斗，号辉岳。是清朝的重臣，并为清朝建都北京后顺治皇帝任用的第一个汉族官吏，官秘书院大学士，累加太傅。卒谥文肃。他学识渊博，为顺治皇帝出谋划策，为巩固清朝统治地位起了重大的作用。

佟国维衣冠墓

1988年4月，在怀柔区水库东岸京环宾馆以北出土一座衣冠墓。墓内有两件瓷罐：一件为黑釉罐，内装骨灰；另一件青花罐，内有木制灵位牌一件，其上楷体墨书"皇清敕封壹等国公原任议政管侍卫内大臣诰授光禄大夫讳国维国舅佟府君灵"。罐内还有一套清朝官服。

佟国维，《清史稿》有传。佟是满洲镶黄旗人，孝康章皇后幼弟，孝懿仁皇后之父，死于康熙五十八年（1719）。据考：佟国维与妻合葬墓已在朝阳门外十八里店发现。怀柔区发现的墓如此简陋，绝非原葬，应是衣冠冢。《怀柔县志》卷一载："钓鱼台山水殊胜……今台北有园一区，国舅佟公别业也。"钓鱼台庄即今怀柔水库淹没区内的原城关乡钓鱼台村。

高其倬墓

墓地在北京市顺义区李桥乡庄子营村前，西北距清和硕勤亲王永璧（雍正帝之孙）墓约 2.5 公里。"文化大革命"期间出土高其倬和继配夫人蔡氏墓志 2 盒，志文详细记载其生平事迹，可补清史史料之不足。尤其是志文的撰文和书写者，皆为《清史稿》有传的朝廷重臣和当时的文人名士，书文俱佳，实为墓志中难得的珍品。

墓志为康熙五十二年（1713）进士、吏部尚书、协办大学士孙嘉淦撰文，雍正八年（1730）赐进士及第吏部尚书东阁大学士梁诗正书丹，进士及第顺天府尹陈守创篆盖。蔡夫人墓志为乾隆三年（1738）一甲一名户部尚书协办大学士于敏中撰并书，雍正十一年（1733）进士、工部尚书内阁学士董邦达篆盖。

高其倬，字章之，号芙沼。康熙进士，历官云贵、闽浙、两江总督，是清代名臣。后官工部尚书。调户部。卒谥文良。《清史稿》有传。据志文所载，其生于康熙十五年丙辰（1676），卒于乾隆三年戊午（1738），享年 63 岁。

明珠家族墓

明珠家族墓位于北京西北郊皂荚屯村，今海淀区上庄乡上庄村。随着纳兰家族的衰败，茔地烟祀早断，渐趋冷落；至民国十五年至十六年（1926—1927）之间，被当地刁民勾结匪类及驻南口奉军，进行大规模的公开武装盗掘，随葬品大部被盗劫一空。"文化大革命"期间，明珠家族墓地已被彻底夷为平地，荡然无存，墓志已被取出。扰土中偶然出现过小金如意、嵌金黑白玉龙头手镯各1件。

至今明珠家族墓志尚未找齐，仅有明珠、觉罗氏、明珠长子纳兰成德、纳兰成德夫人卢氏、明珠次子揆叙夫妇、三子揆方夫妇及揆方子永寿墓志各1盒。共9盒墓志。除纳兰成德墓志曾被收入《通志堂集》附录内，其余均未见著录。

据目击者记述，1973年纳兰成德墓室已成面积约为100平方米、深四五米的大坑，内有砖头石块；两扇汉白玉石门一扇在墓口立着，另一扇已倒，椁板已取出放于水沟上作简易木桥。砖石均作上庄四队建队部和场院房子及猪圈。

纳兰成德墓志曾作上庄小队仓库台阶石，后经民族歌舞团于岱岩反映给民族学院王尧教授，通知北京市文物管理处取回，同时发现纳兰成德夫人卢氏墓志。卢氏墓志为汉白玉小型卧碑式，志文四框均雕龙纹，下承须弥座，用材、设计、雕饰均十分精湛，是墓志中少见的。后又于上庄大队发现纳兰成德墓志盖篆文"皇清通议大夫一等侍卫佐领纳兰君墓志铭"。现墓地已不存在。遗址现为上庄四队的队部及场院、仓库所在。

黑舍里氏墓

位于海淀区小西天索家坟，1962年清理，为火葬墓。墓室以砖和汉白玉、大理石构筑，为正方形券顶单室墓，南北向，南侧甬道正中置汉白玉石碑刻"清故淑女黑舍里氏圹志铭"。墓室1.82米见方，高2.96米。北半部设棺床，上置骨灰盒，棺床前设汉白玉供桌，上置仿古铜器；随葬品多置于北、东、西三个壁龛内，壁龛外形作门楼式，高72厘米、宽63厘米、进深42厘米。仿木砖雕，朱漆彩画。三龛皆同，分放瓷器13件，玉器30件，水晶器2件，铜器6件，金饰1件，多数为传世珍宝，以明成化斗彩葡萄杯最为名贵；又有嘉靖八卦纹斗彩炉、万历五彩洗、万历五彩盘、万历青花小杯、成化青花碗、仿宣德小瓷觚、永乐白釉壶等；玉器有明陆子刚款白玉杯及其他精品玉器、宋玉砚、玉饰、玉印等，水晶笔架、印等，以及金器、宋仿汉铜器、明墨。

死者为清康熙时满族正黄旗辅政大臣索额图之孙女。其父索尼为吏部侍郎改保和殿大学士，后因贪黩及与皇太子潜谋不轨，被幽禁而死。此女仅七岁，而索额图为之修建豪华墓葬，埋葬当时已为罕见之明官窑瓷器，唐、宋、明代玉器，可证史载索额图之贪黩。此墓修建于康熙十四年（1675），正是索额图最得意之时，故有国子监祭酒沈荃为墓志撰文。

荣禄墓

荣禄墓位于朝阳门外高碑店乡西花营村的荣家茔地内。墓地占地30余亩，四周有围墙，南墙中间开门，门前有石拱桥。门内立龟趺石碑2通，碑北为墓。荣禄墓居中，两侧为其儿子、儿媳墓。

荣禄墓室上筑有高7米的夯土宝顶，墓南北向，平面呈长方形，水泥墓室。墓内四棺共一椁。椁东西宽4.8米，南北长3米，前后立壁向后倾斜14厘米至21厘米，前壁高1.87米，后壁高2米，形成前低后高的椁顶。四棺均长2米、宽0.95米、高1.65米。棺与椁间用黄土填实。

荣禄及其妻妾墓中随葬了大批金银玉器珍品。金器有：葫芦、镯子、簪子、戒指、耳环、指甲套等；银器有：元宝、戒指、镯子、扁簪、指甲套等；玉器有：翠翎管、玉烟壶、坠饰、扳指、玺坠、戒指等，共计148件。这些器物中，很多都是皇帝或皇太后所赐珍宝。如重达139.6克的金葫芦，上面就铸有11字铭文："丙申重阳皇太后赐臣荣禄"。

荣禄（1836—1903），满洲正白旗人。瓜尔佳氏，字仲华。咸丰二年（1852）由荫生以主事用。历官员外郎、总兵、副都统侍郎、总管内务府大臣兼步军统领，升工部尚书，因纳贿被罢免。光绪十七年（1891）出任西安将军，中日甲午战争中任步军统领，特设巡防局督理五城团防以卫皇室。光绪二十一年（1895）任兵部尚书，总理各国事务大臣。光绪二十四年（1898）署直隶总督兼北洋大臣、军机大臣，掌握北洋各军，反对维新变法，助慈禧太后发动政变，幽禁光绪帝，镇压维新派；光绪二十五年（1899）授文渊阁大学士领阁事，旋授正蓝旗满洲都统。光绪二十六年（1900）主张镇压义和团，保护各国使馆，八国联军侵北京后逃往西安。光绪二十八年（1902）议和还京后管理户部事务加太子太保衔授文华殿大学士，光绪三十年（1904）卒，谥文忠。

今荣禄墓址尚存，墓顶已平，"文化大革命"时墓被掘，墓室被破坏，地上建筑已被生产队使用，石碑已毁。

李莲英墓

位于阜成门外恩济庄关帝庙北一个虎皮石墙的院落里，今海淀区恩济庄六一学校的校园内，占地约二十多亩。墓前有石桥及石牌坊，牌坊横楣上书"钦赐李大总管之墓"，左侧题字"阆苑风清"，右侧题字"仙台缥缈"；石坊正面柱子上对联为"通幽向明昭垂万禩""大中至正巩固千秋"。院内东西两侧各有一座亭子。墓前立有李莲英墓志碑，用汉白玉制成。其墓由三合土宝顶和墓室组成。

1966年发掘清理，墓室距地表深3米，位于宝顶西侧。圹内石室，其结构为"二门五檀"。石门系用汉白玉雕刻而成，两门相距约3米。石门有门框和门槛，门槛下有二级台阶。二道石门上皆有汉白玉雕成的石门楼，造型精美。在第二座石门楼两旁的汉白玉石墙四角雕刻有蝙蝠图案，雕刻一对互相盘绕的蝙蝠，形象生动。门框上刻有对联一副，内容为"秉性惟真承眷厚""居身克谨得心安"。

两道石门后中部皆有半圆形石槽，石槽里放1枚直径为30厘米至40厘米顶门闩，其构造别致。墓室面积为12平方米，正中稍北设有青石雕刻的棺床，棺床上刻满钱纹，并有"金井"，内放铜钱、挂玉坠荷包。一棺一椁，被水冲下棺床，其前合顶靠在左边石门上。紫红漆椁上遗有金画痕迹。

墓中出土文物皆放在棺内，总计有50余件。其中有：钻石帽正（径1.6厘米）1件、镶蓝宝石钻石戒指（戒面2厘米×1.4厘米）1件、翠扳指（高2.5厘米，径3厘米）1件、青玉褐浸环（径5.7厘米）1件、满黄浸玉镯（径8厘米）1件、青玉土浸剑饰（高4.3厘米、宽5厘米）1件、"光绪三十三年广德堂制"金鼻烟碟（重140.5克）1件等，皆是珍宝。现藏首都博物馆。

尸骨已腐烂，大部不存，仅存有头颅和一段未腐烂尽的小腿骨。据碑文记载，李莲英病死于"宣统三年二月初四（1911年3月4日），享年六十有四"。

清代壁画墓

1987年3月，在门头沟区色树坟乡南岗村清理一座清代壁画墓。该墓位于村东约0.5公里处的黄土坡上，背靠九龙山，南临永定河。

　　这里是马家祖坟，共有数十座坟墓，约八九代人。仅清理其中一座被盗之墓。该墓石砌墓座长 3.4 米，宽 1.65 米，高 0.35 米。墓为砖室，券顶。墓室长 3.6 米，宽 2.83 米，高 2.06 米。墓门朝南，用石块封堵。

　　墓室东、西、北三壁，均有画在白灰面上的壁画：北壁是一幅高 1 米、宽 0.5 米的花卉（荷花、菊花、牡丹、梅花和题诗），花卉之上绘幔帐。东壁壁画宽 3.6 米、高 1.5 米，为侍奉图。画面左端是梧桐、仙鹤，取"同仙"之意。画中人物为两男两女，或置酒壶或持盒，画中人物走在雕花栏杆的桥上，望柱头上刻狮子；西壁北端画松树、梅花鹿和蝙蝠，取"福禄双全"之意。右起第二人（侍女）右手执扇，左手执壶。从墓室的木棺和人骨判断，此墓为二女一男合葬墓。

　　随葬品仅存玛瑙鼻烟壶 1 件，铜簪 1 件，还有铜扣、烟锅、烟嘴、琉璃珠、扇骨等。20 多枚铜钱中，时代最早的是北宋"祥符通宝"，最晚的是清"嘉庆通宝"。其年代为清代中叶。

　　北方地区的清墓发现较多，但墓中绘有壁画的却少见，且该墓又有确切年代。这座墓葬的发现，为研究清代葬俗和壁画体裁提供了较重要资料。

后 记

《北京的遗址墓葬》作为《京华通览》"历史文化名城"系列的一个分册,于2017年8月正式启动。接到编写任务后,编者马上开始着手资料的整理与筛选。本书以第一轮北京规划志书中的《北京志·文物卷·文物志》内容为基础,在编纂整理过程中,又参阅了侯仁之先生主编的《北京历史地图集》(1-3卷)、有关北京地区的考古发掘报告,以及《北京猿人遗址志》等,力求使资料更加翔实、丰富。

在书稿编纂过程中,谭烈飞先生、于虹女士给出了许多有价值的建议并修改了部分章节,北京出版社史志编辑部的编辑们加班加点,为保证书稿的质量付出了辛劳,在此一并表示感谢。

限于编者的能力和水平,书中难免会有错误,敬请读者批评指正。

2017年12月